Enfrenta tus
MIEDOS

Enfrenta tus

MIEDOS

Todos los miedos son muros enormes que acortan nuestra manera
de pensar y al enfrentarlos nos preparan para la victoria

Salvador T Hurtado

Número de Control de la Biblioteca del Congreso:		2021910032
ISBN:	Tapa Dura	978-1-5065-3712-2
	Tapa Blanda	978-1-5065-3713-9
	Libro Electrónico	978-1-5065-3714-6

Este libro es una obra de no ficción. A menos que se indique lo contrario, el autor y el editor no hacen ninguna garantía explícita en cuanto a la exactitud de la información contenida en este libro y en algunos casos, los nombres de personas y lugares se han modificado para proteger su privacidad.

Información de la imprenta disponible en la última página.

Fecha de revisión: 08/06/2021

Para realizar pedidos de este libro, contacte con:
Palibrio
1663 Liberty Drive
Suite 200
Bloomington, IN 47403
Gratis desde EE. UU. al 877.407.5847
Gratis desde México al 01.800.288.2243
Gratis desde España al 900.866.949
Desde otro país al +1.812.671.9757
Fax: 01.812.355.1576
ventas@palibrio.com
825613

ÍNDICE

Dedicatoria

Este libro está dedicado a todas las personas que están viviendo bajo las sombras de los temores, sin embargo están dispuestas a luchar a pesar de los retos. Para vencer sus miedos y triunfar en la vida. Felicidades por tener el valor de reconocer sus miedos y de tomar las acciones necesarias para enfrentarlos.

Este libro está especialmente dedicado a mi esposa, Irma, y a mis cinco hijos que Dios con amor me prestó; Luis Alberto, Angélica Elizabeth, Víctor Hugo, Chelsea Geovana, y Steven Salvador. A todos mis hermanos, especialmente a Francisco y Armando, que han caminado junto a mí a pesar de los retos y criticas. También, a mis padres, Luis y Elisa, por ser ejemplo a seguir y alentarme en los momentos más difíciles. También, a mis suegros por darme una hermosa mujer. En especial a mi padre por ser mi héroe, por enseñarme que nunca hay que rendirse ante los obstáculos.

Agradecimiento

Primeramente quiero dar gracias a Dios por darme la fortaleza. Por guiarme en los momentos que más lo necesitaba. Por ayudarme en los momentos de duda que me acechaban cuando comencé a escribir con lápiz y papel este libro pensando si podía hacerlo. A todas aquellas personas que de alguna u otra forma colaboraron y me apoyaron con sus comentarios. A José Luis Jiménez y Fabiola Rubio y en especial a Judith Andino por tomarse el tiempo de corregir y aportar ideas. Gracias por tomarse el tiempo de escucharme. A Epifanio Ferreira por ser mi mentor y amigo, por alentarme y creer en mí. Por darme ánimo en mis momentos de dudas. Por supuesto, a todos los que hicieron posible esta publicación que sin su asesoría y compromiso no hubiera sido posible que este libro estuviera en sus manos. Gracias por su constante apoyo.

"Examine cuales son los miedos que disminuyen su capacidad de actuar. Identificar sus miedos le dará una idea a qué se enfrentará. Esto le ayudará a prepararse para vencerlo."

Salvador Hurtado

Introduccion

Esta es la realidad en la actualidad donde reina el miedo en el ser humano. La inseguridad que existe en las personas las ha obligado a tomar precauciones extremas; como asegurar sus carros en caso de accidente, obtener seguros médicos para cubrir gastos por enfermedad, asegurar sus casas en casos de desastres, y refuerzan sus casas con candados para que no entren a robarles. Se darán cuenta que vivimos con miedo de perder un ser querido, perder el trabajo, traición de la pareja, miedo a que los hijos no tomen el mal habito de los vicios, perder el hogar por no poder pagar. El miedo nos obliga a mentir para salir de un problema. Todos estamos siendo invadidos por miedos de cualquier tipo. Miedo a amar, miedo a la falta de dinero, miedo a enfermarse, miedo a los animales, miedo a los desastres naturales, y así podemos continuar enlistando los miedos. En la actualidad, muchos países están sufriendo por falta de seguridad. Por tanta violencia, las personas se ven obligadas a quedarse en sus casas después que oscurece, por temor a ser robados o secuestrados. La gente vive con el constante miedo de no poder hablar por miedo a la represalia del mismo gobierno o por bandas delincuentes. Aún en los países ricos existe el temor de las guerras, el terrorismo, la caída de la economía. Estos países se preocupan más por la seguridad de vigilar sus fronteras, que descuidan la gente dentro de su propio país. Te darás cuenta que ninguna persona que habita este planeta está libre de miedos. Todos tenemos diferentes tipos de miedos. El miedo derrota a gigantes y a valientes. Aun hasta la persona más robusta le teme a un ratón, porque brinca cuando lo ve.

El miedo nos paraliza. Hace que perdamos la capacidad de seguir lo que queremos en la vida. Nos aterra nuestras propias dudas limitando dar lo mejor de uno.

En este libro vamos a enfocarnos en lo que puede ayudarnos. A través de el vamos a poder identificar los miedos que nos detienen en nuestro diario vivir y así podremos superar nuestros miedos.

Durante la lectura de este libro adquiriremos algunas ideas de referencia de cómo podemos identificar nuestros miedos, y qué podemos hacer para enfrentarlos. También como sacarle provecho a lo que le tememos, y así superarlos y enfocarnos en nuestras metas.

¿Qué hacer si estamos siendo atacados por nuestros miedos? Recuerda que todos queremos hacer lo mejor para superar nuestros miedos, vencer los obstáculos y alcanzar metas, pero no todos estamos dispuestos a enfrentarlos. Después de todo, la vida es un proceso continuo de toma decisiones. Hoy comienza un nuevo día con sus miedos y retos. ATREVETE A ENFRENTARLO.

En estes tiempos de incertidumbre que se esta viviendo en el mundo entero, por los desastres naturales, enfermades contagiosas, pandemias, revueltas políticas, rumores de guerras, avance tecnólogicos, desobediencia civil, y muchos otros acontecimientos que se están suscitando en todo el mundo, estamos viviendo tiempos difíciles, principalmente la pandemia que esta azotando a nivel mundial, donde la gente tiene miedo hasta de salir de sus casas, y los gobiernos han implementado medidas drásticas para prevenir más contagios, han ordenado cerrar escuelas, negocios, Iglesias, centros deportivos, y los han obligado a estar en cuarentena y usar tapabocas y una extrema higiene donde ya la gente no se quiere saludar de mano ni abrazos por el miedo a contagiarse, la población tiene tanto miedo que mucha gente está traumada tanto por el miedo que le imponen los medios de comunicación que están exagerando en el comunicado, por eso la gente está encerrada.

Esto me recuerda un pasaje de la biblia donde Dios azotó a Egipto con 10 plagas porque no quería dejar ir al pueblo Hebreo libre, y Dios tuvo que azotar a ese país, el faraón le temía a las plagas pero ni aún así deja libre a Israel. Y el mundo actual está actuando de la misma manera, le teme al virus, pero no se quiere arrepir ni dejar el pecado en el que vive a diario.

La gente espera que ya se acabe la pandemia para regresar a la vida que le gusta llevar, una vida desenfrenada, dandole gusto al cuerpo; he escuchado a mucha gente decir, cuando volverán a abrir los negocios, los parques deportivos, los bares, salones de baile, pero muy pocas personas he escuchado cuando abrirán las Iglesias, eso demuestra que la gente no tiene temor de Dios, pero si de la pandemia y de los desatres natutales, no sabiendo que Dios tiene promesas para sus hijos en el mundo entero.

En 2 de Cronicas 7:14 Dios hace un llamado al arrepentimiento "Si se humillare mi pueblo, sobre el cual mi nombre es invocado, y oraren, y buscaren mi rostro, y se convirtieren de sus malos caminos; entonces yo oiré desde los cielos, y perdonaré sus pecados, y sanaré su tierra."

Santiago 4:8 "Acercaos a Dios, y él se acercará a vosotros. Pecadores, limpiad las manos; y vosotros los de doble ánimo, purificad vuestros corazones".

Hechos 3:19 Así que, arrepentíos y convertíos, para que sean borrados vuestros pecados; para que vengan de la presencia del Señor tiempos de refrigerio,"

Isaias 55:6-7 "Buscad a Jehová mientras puede ser hallado, llamadle en tanto que está cercano. Deje el impío su camino, y el hombre inicuo sus pensamientos, y vuélvase a Jehová, el cual tendrá de él misericordia, y al Dios nuestro, el cual será amplio en perdonar".

Dios está dispuesto a sanar nuestra tierra y nuestros corazones si nosotros clamamos y nos arrepentimos.

"El causante de todas las miserias, de las derrotas, de los fracasos, de los abusos, es el miedo. El miedo domina los pensamientos de la humanidad. Pero la verdad, es que, el hombre es el causante de sus miserias. Por no tener el valor de enfrentarlas."

Salvador Hurtado

Capítulo I

MIEDO (FEAR) ¿QUÉ ES?

¿QUE ES EL MIEDO? La palabra "miedo" en inglés se escribe "FEAR". Falsa Evidencia que Aparenta ser Real. ¿Que es el miedo? En lo personal, miedo es algo invisible. Es algo que no puedes ver, pero lo puedes sentir. El miedo está en todos lados, en todo lugar, en toda persona. El miedo es algo que te domina, que está dentro de tu mente. Al sentir miedo tu mente comienza a formar imágenes de dudas, a imaginar cosas irreales que no existen. Y los miedos te están observando constantemente. ¡Están ahí! Es mas, en este mismo instante te están observando, están pensando contigo. Saben lo que vas hacer. Están un paso adelante de ti en todo. Siempre están ahí esperando que des el próximo paso para meter dudas en ti. Entonces, dudas lo que estas pensando hacer. A veces los miedos son tan grandes que pueden derrumbar tus sueños. Pueden desalentarte a seguir adelante en busca de tus sueños. El miedo te puede derrotar y también interrumpir las decisiones que quieres tomar para mejorar tu vida. Los miedos son tan poderosos que han destruido grandes compañías, imperios, negocios, y países, los cuales están hundidos en la pobreza por miedo a la libertad. Hay familias que no progresan por miedo a fracasar. Los miedos pueden destruir todo y a cualquiera que permita que los miedos se alojen en su mente y corazón. No permitas que la falsa evidencia que aparenta ser real (FEAR) te domine y controle tu vida.

"*No hay peor miedo que el que construya uno mismo dentro de su propia mente y siembre en su corazón.*"

Salvador Hurtado

EXISTE EL MIEDO

¿EXISTE EL MIEDO? El miedo o temor, es una emoción caracterizada por un intenso sentimiento habitual desagradable que es provocado por la percepción de un peligro real o supuesto, ya sea del pasado, presente o futuro. Es una emoción que se manifiesta en todo ser humano. Lo que sí es seguro es que te está previniendo de algo inusual, sin embargo no estás seguro de qué consecuencias pueda traerte en el futuro. Por otra parte, te puede atrasar en tomar decisiones que pudieran ser de gran provecho en tu vida personal. El miedo existe, sin embargo es imaginario solo que uno mismo se encarga de hacerlo real. Todo está en cómo lo controle cada persona. ¿Qué harías tú si de repente ves una víbora por donde caminas? ¿No brincarías de miedo? Para salir de dudas si el miedo existe o no, pregúntale a una persona si tiene miedo. ¿Qué crees que te conteste? ¡Que no! Pero juégale una broma a ver si no salta de miedo y hasta te maldice. El miedo existe en cada uno, pero uno es el responsable de qué tanto permita que el miedo lo domine. Solo tú puedes permitir en tu vida que el miedo se apodere de tu ser, controle tu entorno y limite tu potencial de vivir. Los miedos sí existen y son muy peligrosos, contagiosos y pueden llegar hacer muy destructivos.

¿PUEDES VENCER EL MIEDO?

¿PODRIAS VENCER EL MIEDO? Claro que sí. El miedo puede llegar a ser vencido. Puede ser difícil y un proceso largo, pero no hay cosa que no se pueda vencer. Solamente se requiere tomar la decisión y poner la acción. Lo más importante es que se encomiende a DIOS. Pídale sabiduría y fuerzas para poder vencer tus miedos que te acechan día a día. Sin embargo, debes hacer tu parte. Prepárate para la lucha interna que vas a enfrentar constantemente en tu interior y que solo tú puedes vencer. Nadie puede luchar por ti. Eres tú, tú eres la única persona capaz de derrotar tus miedos que llevas dentro de ti.

"Si todo hombre es capaz de pensar que puede, tienen toda la razón"

Salvador Hurtado

La vida es de los que se atreven, de los que se arriesgan, de los que toman decisiones de seguir adelante a pesar de todos los retos que día a día aparecen. A pesar de los retos que tengan que enfrentar a diario, aunque tengan caídas, se levanta y siguen. Que tienen miedo, si, pero los retos los impulsan a vencer sus miedos.

Te motivo a que busques la verdad desafiando cada miedo que quizás te esté agobiando. Trata de encontrar lo que es verdad y lo que no es. Te invito a que busques todo lo que necesitas para vencer tus temores. Todo esto está disponible a través de Jesucristo. Que puedas vencer y encontrar aquello que buscas. Que puedas aprender a tener un carácter que luche contra los miedos.

Lea: Juan 8: 31-32; "Si vosotros permaneciereis en mi palabra, seréis verdaderamente mis discípulos; y conoceréis la verdad, y la verdad os hará libres."

Salmos 34: 4; "Busque a DIOS, y él me oyó y me libro de todos mis temores."

"*Cuando llega el momento de encarar los retos, es el momento de demostrarnos que podemos vencer y asumir los compromisos que vengan.*"

Salvador Hurtado

¿QUÉ ESTAS DISPUESTO A ENFRENTAR?

¿QUE ESTARIAS DISPUESTO A HACER PARA VENCER TUS MIEDOS? Haz una lista de por lo menos diez compromisos que estés dispuesto a hacer para vencer tus miedos:

1. _____
2. _____
3. _____
4. _____
5. _____
6. _____
7. _____
8. _____
9. _____
10. _____

Ya que tienes los diez compromisos que estás dispuesto a hacer sigue adelante y continúa leyendo. Aquí encontrarás algo que te puede ayudar a vencer tus miedos.

Sin embargo, recuerda que eres tú la única persona capaz de vencer y triunfar en la vida, pero antes de seguir déjame aclararte algo muy importante. Este ni ningún otro libro motivacional te garantiza resultados si no pones en acción lo que has aprendido. Así que, sigue adelante y esfuérzate.

"*Los miedos son enormes muros que te desvían del éxito al fracaso, del triunfo a la derrota. Atrévete a escalar tu muro de miedos y vive una vida de éxito.*"

Salvador Hurtado

Capítulo II

TÚ Y TUS MIEDOS

Por lo regular, a diario, el ser humano experimenta miedos. Al dormir porque quizás tuvo un sueño terrible. Cuando comienza un trabajo nuevo. Cuando aprende a manejar, al practicar un deporte por primera vez, en su primera cita romántica, cambiar a una escuela nueva, al subirse al avión, hay un sin fin de miedos que no solo te perturban, sino te quitan el sueño, te enferman, y hasta te envejecen antes de tiempo. Ten cuidado con estos miedos y no permitas que estos te dominen y mucho menos que controlen tu vida. Hay un miedo muy popular entre la gente; el miedo a la oscuridad. Apenas oscurece y ya no quieren salir fuera de su casa por temor a la oscuridad. También hay quienes les tienen miedo a los animales. Hay personas que le temen hasta a un lagartijo. Solamente lo miran, gritan y entran en tal pánico que hasta espantan a las personas que se encuentran cerca. Está el miedo a las deudas. Estas sí que a la verdad te quitan el sueño y dan pesadillas. ¡Esto sí que está tremendo! Sin embargo, si no te pones al corriente con tus prestamistas, ya sabes lo que puede pasar; llegan en cualquier momento y se llevan lo que aparentemente era tuyo.

MIEDO A LA MUERTE

MIEDO A LA MUERTE. Algunas personas le tienen miedo a la muerte. La muerte es algo que nadie puede evadir. El comienzo de la muerte física se originó desde la entrada del pecado en el hombre; Adán y Eva. Sin embargo, esta muerte física es una muerte temporal. Dice las Sagradas Escrituras en **Juan 11:25-26: "Yo soy la resurrección y la vida; el que cree en mi, aunque esté muerto, vivirá. Y todo aquel que vive y cree en mí, no morirá eternamente."** ¿Crees esto? Solo tú vas a ser responsable de tu propia muerte, tanto física como espiritual. Hace poco, me di a la tarea de preguntarles a algunas personas qué pensaban de la muerte. La mayoría de los encuestados se sorprendían y decían: "¿porqué preguntas eso?" Otros decían: "no juegues con esas cosas que son serias." Solo unos cuantos dieron su opinión. El punto es que la muerte es inevitable para todos.

"Uno de los más grandes miedos del ser humano es morir. Que no te atemoricé lo inevitable, es nuestro destino final."

Salvador Hurtado

"Uno de los temores que padece el ser humano es llegar a envejecer. No piensa que llegar a esta edad, es un privilegio y un don que Dios nos da. Muchos no han llegado hasta aquí, pero si ya has llegado entonces aprovecha esta bendición."

Salvador Hurtado

MIEDO A ENVEJECER

MIEDO A ENVEJECER. A la mayoría de la gente le teme a esto. Le da miedo llegar a esta edad dorada. Cuando se les preguntan la edad a las personas tienden a quitarse años. Son las mujeres las que más ocultan su edad. Si le preguntas su edad dicen: "a una mujer nunca se le debe preguntar la edad." Deberíamos estar agradecidos con DIOS por el tiempo que nos regala de vida. Nos estamos quejando todos los días. No debe preocuparnos unas cuantas arrugas o canas. Si nos preocupa tanto, entonces hay cirugías plásticas, cremas antiarrugas tintes para el pelo. Sin embargo hay algo mucho mejor que todo esto; Es alimentarse adecuadamente y tomar suplementos vitamínicos naturales. Por otra parte, la gente no quiere llegar a su vejez por miedo a dar lastima. Se preguntan: "¿quién me va a cuidar?" O dicen: "no quiero ser carga para nadie." Les tengo una recomendación; ahora que todavía está vivo y si tiene a sus padres con vida pórtese bien con ellos. Trate bien a sus hijos y a su familia para que no se esté preocupando si Dios le da larga vida de que va a hacer si llega a viejo. Si usted se porta bien con sus seres queridos, no se preocupe, usted va cosechar lo que estas sembrando.

MIEDO A LA ENFERMEDAD

MIEDO A LA ENFERMEDAD. El 95 porciento de la gente vive de cheque en cheque. Cuando se enferman se hacen los valientes y se aguantan. La razón por la que se aguantan no es porque son valientes, la triste realidad es que no les alcanza el sueldo y no tienen seguro médico. Prefieren no ir al doctor, si no es necesario, porque si van solo están pensando en lo que les van a cobrar. No se dan cuenta que cuesta más la ignorancia de la salud.

"El peor de todos los males físicos, es pensar
que estás enfermo"

Salvador Hurtado

"Las personas que no se casan, no es que le
tengan miedo al matrimonio, sino el
verdadero temor es a la responsabilidad y el
compromiso que conlleva."

Salvador Hurtado

MIEDO AL MATRIMONIO

MIEDO AL MATRIMONIO. Hay un dicho famoso que dice: "el matrimonio es como el demonio." El matrimonio es una bendición porque de allí surge el verdadero amor que alimentará tu alma hasta la muerte.

Mucha gente, en la actualidad, lo piensa más de dos veces para echarse tal compromiso y piensa en la gran responsabilidad que van a enfrentar. Se ponen a pensar en todos los gasto, luego los hijos, la renta, la luz, teléfono carros, estudios y muchos otros excusas aceptables que se pueden encontrar para sacarle al matrimonio.

Tengo varios amigos que aun no se casan porque para ellos es mejor vivir en unión libre. De esa manera no tienen obligaciones, según dicen ellos. Se juntan con una y otra mujer dejando hijos aquí y allá y manteniendo hijos que no son de ellos. Yo, por mi parte, soy casado, con cinco lindos hijos que Dios con su inmenso amor me prestó para que ellos sean la razón de mi constante lucha de superación y motivo de vivir.

Algunas personas son el sabelotodo, según ellos, es mejor vivir solo para que nadie le ladre. Dicen: "que es mejor solo, hago lo que yo quiero, y nadie me regaña." O dicen: "todavía no encuentro una pareja que me comprenda." Se la pasan buscando y buscando. Si no estás casado no te ofendas. Mi intención no es ofender a nadie. Simplemente es mi punto de vista. Espero que este comentario te ayude en algo. Esa es mi única intención.

MIEDO AL TRABAJO

MIEDO AL TRABAJO. Esto es muy indispensable en la vida. Si no trabajas, ¿qué comes?, ¿como pagas tus gastos o tus gustos?, ¿de donde sacas para sobrevivir? Aquí está el gran punto. La mayoría de las personas cuando empiezan a trabajar en un nuevo trabajo entran con miedo a cometer errores. Por temor a que los despidan, tratan de hacer lo más que puedan. Cuando ven venir al supervisor se ponen nerviosos, y aún más, si no están seguros de cómo hacer el trabajo cometen más errores. Se ponen a sudar y es cuando más la riegan. Ahí es cuando empieza la regañada, los insultos y estos callan por miedo a perder su trabajo, limitando así demostrar su potencial.

"No es al trabajo lo que unos hombres le temen, sino al resultado que obtiene del trabajo. Si el trabajar como burro dejara buenos resultados, todos los burros cargaran cartera."

Salvador Hurtado

"No es el temor a los golpes que le temen algunas personas, si no el miedo a regarla y perder."

Salvador Hurtado

MIEDO AL DEPORTE

MIEDO AL DEPORTE. Hoy en día muchos deportistas, tanto profesionales como aficionados, viven con el miedo más común: las lesiones. Los deportistas profesionales constantemente viven con el fantasma de las lesiones. Se enfocan más en no lastimarse, en que no les ocasione una lesión grave que dar su máximo rendimiento y demostrar su potencial. Hoy en día, hay muchos atletas jóvenes retirados de por vida. El atleta aficionado tiene más razón de temer ser lesionado. ¿Quién le paga los gastos médicos? ¿Los días que no trabaje? Ese es el mayor obstáculo para el atleta aficionado. Aspirar a jugar profesionalmente y no cuenta con el apoyo económico para arriesgarse a dar más.

MIEDO A LA EDUCACION

MIEDO A LA EDUCACION. Tú fuiste a la escuela alguna vez. Entonces, comprenderás como se sienten los alumnos en tiempo de exámenes. Ronda el nerviosismo en los salones. Tienen miedo de ver el resultado por miedo a fallar. Es más, esas son pequeñas pruebas. No se diga de los que aplican exámenes de admisión en los colegios y universidades. Ahí hay más temor a ser rechazado. Sin embargo, esto no es comparado con la educación de la vida cotidiana. Lo más alarmante es que hay gente que no ha leído libros en años. A esta gente si le hablas de leer algún libro que les pueda ayudar a mejorar su estilo de vida se aburren. Le lees un poco y en dos o tres minutos ya están durmiendo. ¿Cómo podemos educar a la gente que no tiene interés en prepararse? Ahí es donde se separa la gente que tiene ganas de superarse. Ahí es donde uno se da cuenta quien está dispuesto a invertir en su mente. Como dijo Thomas Jefferson: "¿Cómo espera un país ser próspero, siendo su gente ignorante?" De igual forma podemos aplicar estas palabras a las personas que no se están preparando. ¿Cómo espera una persona ser próspera si no tiene el coraje de triunfar ni la humildad de aprender? Amigo lector, te invito a que te prepares para el mañana. Hay varias formas de aprender. A través de libros, seminarios, CD's, o sistemas de capacitación. Solo busca el que más te convenga y recuerda que la mejor inversión que puedas hacer es en ti mismo; en tu mente. De ahí nadie te lo puede robar.

"*El hombre que no lee buenos libros no tiene ninguna ventaja sobre el hombre que no sabe leer.*"

Mark Twain, 1835-1910

"Comprendan que el fracaso o la derrota no son más que pasajeros; son la forma en que la naturaleza revela la humildad, la sabiduría y el entendimiento. Recuerda también que cada adversidad trae aparejada la semilla de un beneficio equivalente o mayor."

Napoleón Hill

"Es imposible fracasar completamente y es imposible tener éxito completamente."

Robert H. Schuller

MIEDO AL FRACASO

MIEDO AL FRACASO. Aquí es donde el noventaicinco por ciento no quiere estar, pero aquí se encuentran, el 95% les duele pertenecer a esta gran mayoría, pero aun así no tienen la valentía de hacer nada, y tiene la manera de hacer cambios, el único gran reto que los detiene es el miedo a fracasar en la vida, por esta razón no se atreven, hacer cambios ni la forma de pensar, por lo tanto sigue unidos en la ignorancia, por no tener el valor de cambiar los malos hábitos, y los que se atreven pero encima llevan la duda, y, sus mismos miedos los consume, por otra parte los comentario negativos de los amigos, de la familia misma, de los egoístas, de los sabelotodo, y de por si hay personas que están por poco para no intentar hacer nada, y al escuchar estas palabras, se desmoralizan y se rajan de tan solo escuchar por los retos que tienen que pasar, es por este motivo que la mayoría de la gente fracasa antes de intentar algo en la vida, amigo lector, yo lo aliento a que se aviente en la vida, más vale fracasar intentándolo que vivir con la maldita duda. La duda no existe en el diccionario de los exitosos. Así que atrévete. No tienes nada que perder. No pienses que vas a fracasar. Con el simple hecho de no hacer nada ya estas fracasado.

MIEDO A LA POBREZA

MIEDO A LA POBREZA. Afortunadamente hay un pequeño grupo de 5 por ciento que clasifica en este grupo. No es exactamente el miedo a ser pobres, si no el temor de fallar como hombre de la casa, como padre de familia, de no poder suplir las necesidades de su familia. Miedo de fallarle a la sociedad. El miedo más grande de este pequeño grupo es llegar a vivir como el 95% del resto de la sociedad. Este grupo está dispuesto a dar todo de sí mismo, no escatima gastos en su preparación, invierten en sus mentes, y están dispuestos a perder, para poder ganar.

"Aquí es donde la mayoría no le gusta estar, pero desafortunadamente se encuentra aquí."

Salvador Hurtado

"La persona que hace del éxito una manera de vivir es aquella que ve sus metas y se dirige hacia ellas sin desviarse. Eso es dedicación."

Cecile. B. Demille

"No es tanto el miedo al éxito, sino a los retos y compromisos que acarrea durante la búsqueda, y el largo camino por recorrer y el esfuerzo y caídas frecuentes, son las principales razones de nuestro temor."

Salvador Hurtado

MIEDO AL EXITO

MIEDO AL ÉXITO. Aquí es donde el 95% no le gusta estar, pero aquí se encuentra por miedo al éxito y los compromisos que con el vienen. Estas personas no están dispuestas a hacer cambios en sus vidas. No están dispuestas a cambiar sus costumbres. No quieren fallar en nada. No se arriesgan a intentar por temor a caer. Estas personas no tienen dinero para preparar sus mentes. ¡Ha!, pero para las fiestas no sé cómo le hacen. ¿De dónde agarran? Para eso si hay, ¿pero para su mente? ¡No! No tienen tiempo. Siempre están ocupados en cosas no productibles. Nunca tienen la humildad de aprender. Todo lo saben. Tanto es su conocimiento que terminan siendo miserables llevándose con ellos a sus familias.

Hay una frase que compuse al leer el libro de Proverbios que dice: "Bendito el hombre que abre su corazón a la enseñanza, para adquirir sabiduría y conocimiento, porque de él comerá mucha gente y será próspero en la sabiduría." "Y maldito el hombre que cierre su corazón a la enseñanza y sabiduría, porque de él será como la higuera que nunca dio frutos." Por causa de su ignorancia, mucha gente y su familia, padecerán hambre, pobreza, deshonora y miseria. Y así podemos seguir enumerando muchos miedos por el cual el ser humano tiene miedo al éxito.

"Es mucho mejor aventurarse a hacer algo grandioso, obtener gloriosos triunfos a pesar de los fracasos, que estar al mismo nivel de aquello pobres espíritus que no gozan ni sufren demasiado porque viven en el gris crepúsculo que desconocen la victoria y el fracaso."

Theodore Roosevelt, 1858–1919

Capítulo III

ENFRENTA TUS MIEDOS

Hoy en día con la situación tan crítica, tanto económica, como espiritual, y la gran falta de comunicación, tanto entre las redes sociales, entre hermanos, padres e hijos, políticos en desacuerdos, religiones de diferente ideología, diferentes iglesias que están llevando a la gente al trastorno emocional y al borde de la locura, mucha gente hoy en día no sabe que está pasando, la gente cada vez esta mas confundida con todo lo que pasa a diario, en este mundo falto de entendimiento y comunicación entre la sociedad hay un gran reto y un enorme abismo que separa a muchas personas, y vivimos en un mundo lleno de miedos, y aunque la tecnología el día de hoy su propósito es acortar distancias entre países y personas, y estar más comunicados y que el ser humano tengan más acercamiento y una comunicación más estrecha, tanto en la sociedad como en la familia, él propósito de los inventores de la comunicación fue comunicar y acercar al ser humano de su distanciamiento, pero en día no ha logrado su propósito para lo que fue hecho, cuantas veces no se ha visto a la familia dividida dentro del mismo hogar, la pareja viendo la tv, y no le pone atención a sus hijos aunque estos estén llorando le ponen más, atención a la tv, y los hijos por su lado, mandando mensajes, hablando por celular y los padres no se dan cuenta con quien, otros en internet chateando viendo cosas inadecuadas, por esta razón cuanta drogadicción hay, cuantas jovencitas embarazadas muchos jovencitos en problemas de alcohol y dejando el estudio sin terminar y viviendo con miedo de la vida, hay tanta gente hoy en día viviendo con el miedo de perder su trabajo, viviendo con el temor del engaño de su pareja, el constante miedo de perder su casa, perder los autos porque todavía los debe, miedo al salir a las calles por el miedo a las redadas de inmigración, principalmente la gente inmigrante en los estados unidos está pasando esta situación, mucha gente vive a diario este calvario americano, y el miedo a la separación de familias, todas estas situaciones está llevando a muchas parejas al borde del divorcio, y desafortunadamente todo el mundo en esto días está siendo bombardeado con información negativa, pero tú puedes empezar hacer cambios empezando contigo mismo, enfrentando tus propios miedos, y tomar la firme decisión de cambiar la forma de pensar, que te tienen hundido en la duda de tu potencial, sabiendo que tu puedes dar más de ti mismo, y que solo basta que tú te decidas a enfrentar tu interior de duda, de miedo, de fe, de mediocridad, mediocridad no es una palabra mala, sino que simplemente medio crees en lo que tú puedes hacer o lograr en tu vida, ahora tú decides vivir con tus miedos o enfrentarlos.

A continuación vamos a compartir algo que les puede ayudar a enfrentar sus miedos.

Uno de los días más gloriosos de su vida, será cuando descubra su verdadero potencial de enfrentar sus miedos con valentía, con sabiduría, y sobre todo con una profunda determinación de hacerlo.

Lo primero que debes de hacer es encontrar todos tus miedos, identificarlos, que tipo, el tamaño cuanto tiempo tiene que empezó, que fue lo que te hizo tener miedo, cuando los identifiques tú debes de ser el primero en querer enfrentarlos.

Poner todos tus miedos en las manos de Dios, entrégale a Dios todos tus dudas, tus problemas, tus necesidades, dado que Dios conoce todo de nosotros, el es el único que pueda transformarnos y darnos fuerzas, para enfrentar nuestros miedos, como lo afirma en **Filipenses 4:13: "Todo lo puedo en Cristo que me fortalece."**

"Si quieres triunfar en la vida, solo decide enfrentar lo que te detiene, y minimiza tu potencial de dar lo mejor de ti, hazlo tu puedes."

Salvador Hurtado

ENFRENTA TUS MIEDOS DE FRENTE

ENFRENTA TUS MIEDOS DE FRENTE. Enfrentar los miedos de frente en cuanto aparezcan te da ligera ventaja de identificarlos. Actúa de inmediato y no permitas que tus miedos entren en tu corazón. Actúa con descernimiento y sabiduría. La mayoría de las veces es mas el miedo que sientes que los hechos. ¿Cuantas veces nos imaginamos lo peor que puede pasarnos? Cuando lo enfrentamos no era lo que estaba en nuestra imaginación ni lo que estaba en la mente. Después que pasas el susto te das cuenta que el problema no era tan complicado, sino el complicado eras tú. Ahora ya sabes que cada vez que aparezcan los miedos enfréntalos con fe y pidele a Dios que te de fuerzas para vencerlo. **Proverbios 1:2: "Para entender sabiduría, entender razones prudentes...el principio de la sabiduría es el temor a Dios."**

Job 28: 28: "He aquí que el temor del Señor es la sabiduría, y apartarse del mal, la inteligencia."

También encontraras en Proverbios 2:6-7: "Porque Dios da la sabiduría, y de su boca viene el conocimiento y la inteligencia. El provee de sana sabiduría a los rectos; es escudo de los que caminan rectamente."

Si pones en práctica estos versículos de la biblia y lo haces de corazón no hay forma que falles.

LA DECISION Y LA FE

LA DECISION Y LA FE. Al decidir correctamente y hacerlo con fe, son claves muy importantes para enfrentar tus miedos. La firme decisión que tomes de enfrentar cualquier temor o cualquier problema que se te atraviese en el camino. En el camino de la vida hay muchos y muchas oportunidades de poder vencer tus miedos. Solo tienes que decidir y hacerlo con mucha fe. Pon en mente que tus obstáculos son una escalera hacia enfrentar tus miedos. Con la firme certeza y mucha fe que vas a vencer. No te enfrentes solo a tus miedos, pídele a Dios que te de fuerzas y sabiduría para poder ganar la gran batalla interna de tu ser. El miedo es derrotado solo cuando te enfrentas en el nombre de Dios. Así como lo especifica en **Salmos 91:1-5: "El que habita al abrigo del altísimo se acoge a la sombra del todo poderoso. Yo le digo al señor: tú eres mi refugio, mi fortaleza, el Dios en quien confió. Solo él puede librarte de las trampas y de las mortíferas plagas, pues te cubrirá con sus plumas y bajo sus alas hallaras refugio. Su verdad será tu escudo y tu baluarte."**

Como se dan cuenta, no estamos solos. Siempre hay alguien que nos quiere y nos ama. **Romanos 8:31 dice: "Si Dios está conmigo quien contra mi."** Eres la única persona capaz de vencerte a ti mismo. Tú tienes el poder de decidir de enfrentar tus miedos. De otra forma abres la puerta de tu corazón a la duda, y la duda empieza a florecer. Esta permite que el miedo crezca. Lo peor que puede pasar es que los miedos derrumben tus sueños. Por eso te animo a que tomes acción y te aferres a tus sueños y no permitas que los miedos se apoderen de ti. Enfrenta tus miedos con valentía de una vez y por todas. No permitas que nadie te robe tus sueños.

"La fe en pocas palabras es lo que ya tienes sin mirarlo, solo toma la decisión de ir a tomar lo que te corresponde. Agarrarlo."

Salvador Hurtado

"Para aquel que tiene fe, no es necesario explicación alguna. Para aquel que no tiene fe, ninguna explicación es posible."

Santo Tomas de Aquino

"El verdadero problema no está en las ideas de otros, sino en lo que usted acepte. El verdadero y gran obstáculo que realmente se interpone en su camino de aceptar la realidad. Es usted."

Salvador Hurtado

Capítulo IV

MIEDOS MALOS

En este capítulo, conoceremos algunos de los tantos miedos malos que afectan nuestra vida diaria. Que están limitando nuestro potencial de ser y todo lo que podamos llegar hacer en nuestra vida.

Muchas de las personas tenemos miedos malos que nos están acechando constantemente. Miedos internos de su pasado que se han quedado muy adentro de su ser. Tal vez esto nos está minimizando las ganas de enfrentar los miedos y retos que se nos cruzan en nuestra vida diaria. Quien esté experimentando estos miedos en su vida siempre va a tener una visión corta por miedo a fracasar. No se atreve a soñar mas allá de lo que tiene a su alcance porque los miedos malos están opacando su visión y destruyendo su fe en sí mismo. Como lo dice las Sagradas Escrituras en **Probervios 29:18: "UN HOMBRE SIN VISION PERECERA."**

En si, todos los miedos son malos, pero hay muchos que pueden destruir tu vida.

MIEDO A INTENTAR

EL MIEDO A INTENTAR. Cuando intentas hacer algo o iniciar algún proyecto o negocio en tu vida aparece el miedo. Ese miedo que te hace sudar, dudar de tu capacidad, o pensar en lo que pueda ocurrir si lo intentas. Ese miedo invade tu mente, tu cuerpo y tu corazón y terminas por no intentar. Por el miedo a las burlas, a las críticas, al que dirán si no logras nada. Déjame decirte algo muy cierto; si ahora no tienes éxito y no has logrado nada aun, entonces, ¿por qué no te atreves a intentarlo? ¿Que tal si pasa algo? Arriésgate a intentar. Cambia tu vida y podrás cambiar muchas más. Solamente decide intentar una y otra vez, pero intenta.

"*El pasado no determina quien eres, pero si lo dejas que dirija tu vida, si puede determinar quien serás en el futuro.*"

Salvador Hurtado

"*El optimista ve oportunidad en cada peligro; El pesimista ve peligro en cada oportunidad.*"

Wiston Churchill

MIEDO AL PASADO

MIEDO AL PASADO. Muchas personas se quedan sumergidas en este miedo porque desde su infancia experimentaron burlas, maltratos, o abusos. Ya de adultos sufrieron, tal vez, de muchos errores que aún siguen frescos en sus mentes que hasta el día de hoy no han podido superar. Entre mas pasa el tiempo, estos miedos, van agarrando fuerzas. Si no actúas tu pasado te va a consumir y se va a apoderar de ti. No permitas que tu pasado te limite y controle tu vida. Saca tus miedos de tu corazón y no dejes que el pasado te detenga. Tú puedes vencerlos. No mires hacia atrás. Tu mañana de ganar te espera. Solo tú decides vivir para siempre con tu pasado y vivir derrotado o luchas por vencer tu pasado y construir tu mañana de éxito.

MIEDO A LOS RETOS

MIEDO A LOS RETOS. Pon atención a estos miedos porque aquí es donde la mayoría de la gente desiste de seguir lo que anhela en la vida. Tan solo de escuchar que tienen que hacer cambios de hábitos, cambiar la forma de pensar y prepararse para vencer los retos se espantan y prefieren no enfrentar dichos retos. Tal vez por miedo al cambio que han de enfrentar al aceptar el compromiso de mejorar. O el miedo a invertir en su preparación. El tener que dejar las pachangas y malos hábitos que perjudican su crecimiento mental. Si deseas triunfar en la vida tienes que vencer tus retos.

"*Los obstáculos solo son pequeños retos en tu vida, el más grande reto a vencer esta dentro de ti.*"

Salvador Hurtado

"*Primero formamos costumbres, luego estas nos forman a nosotros. Domine sus malas costumbres o tarde o temprano estas lo dominaran.*"

Jean Batiste Lamarck, 1744-1915

MIEDO A CAMBIAR DE HABITOS

MIEDO A CAMBIAR DE HABITOS. Cuesta vencer porque implica cambiar y dejar de hacer muchas cosas. Estamos acostumbrados a vivir con malos hábitos que nos impiden cambiar. Estamos acostumbrados a la comodidad en la cual vivimos. Aunque no nos guste, y decimos estar bien con las costumbres, las fiestas, pachangas, y muchos otros malos hábitos que no queremos dejar. En realidad son los miedos a los cambios que nos vamos a enfrentar. Estos miedos no nos permiten cambiar la forma de pensar. Para ver resultados lleva un gran tiempo y mucho esfuerzo. Por eso mucha gente prefiere no aceptar cambiar de hábitos por miedo de dejar sus costumbres que los amarra a la ignorancia y pobreza. Para cambiar de hábitos se requiere mucha disciplina y un gran esfuerzo y las enormes ganas de cambiar para sobresalir.

LA IGNORANCIA ES EL PEOR
DE LOS ENEMIGOS

LA IGNORANCIA ES EL PEOR DE LOS MIEDOS. La ignorancia es la madre de todos los fracasos en el mundo entero. Por la ignorancia podemos tener un sinfín de excusas. La ignorancia es la más costosa porque la persona sin conocimiento es abusada o se esconde en su ignorancia y siempre tiene excusas. Como te das cuenta, la ignorancia te merma la enorme posibilidad de triunfar en la vida. Toda persona que es exitoso de alguna u otra forma se ha capacitado para lo que quiere lograr en la vida. ¿Y tú? ¿En que te estás capacitando? ¿Te estás preparando para enfrentar tus retos? Adelante, se valiente, y no seas uno más de los que dicen: "¡Si lo hubiera hecho!" El hubiera no existe, pero el presente si. Aprovéchalo.

Este es solo una probadita de los miedos malos que te pueden vencer si permites que estos triunfen sobre ti. Ten mucho cuidado de no dejar que estos enemigos de la prosperidad y del éxito te sepulten en vida. Tú decides.

"Si una nación espera ser ignorante y libre,
esperara lo que nunca fue y nunca será."

Thomas Jefferson

"Espera los problemas como una parte
inevitable de la vida, y cuando lleguen,
levanta tu cabeza en alto, míralos a los ojos y
diles: "Seré más grande que tu.
No puedes vencerme."

Ann Landers

Capítulo V

MIEDOS BUENOS

En este capítulo conocerás algunos miedos buenos que te pueden ayudar a descubrir tu potencial. Para que logres sacar provecho y sigas adelante en la vida en lo que te propongas. Te darás cuenta que no todos los miedos son obstáculos e impedimentos en la vida. Hay miedos que son buenos dependiendo del punto de vista en que uno los vea. Te pueden ayudar en el trascurso de tu vida. Puedes superarte en todo lo que estés dispuesto hacer, pero en gran parte esto va a depender de ti. Solamente de ti porque eres el único capaz de construir tu futuro.

En gran manera, tienes que saber a lo que le tienes miedo. De qué manera puedes enfrentarlos y transformarlos para tu beneficio y aprovechar estos miedos buenos como escalones para seguir en busca de lo que desees en la vida. Trasforma tus miedos en tus aliados porque estos puede que te lleven a conseguir algo grande en tu vida.

El miedo bueno es algo que sientes muy dentro de ti. Estos tipos de miedos te oprimen tu ser. Sientes ansiedad de que puedes hacer algo diferente a las demás personas. Hay sentimientos que te queman por dentro, te muerdes los labios, aprietas los puños porque ese deseo dentro de ti te alienta a buscar la forma de sacarle provecho a lo que estas sintiendo. Es ese miedo que está a punto de convertirse en tu motor de cambio. Ese cambio que va a revolucionar tus sueños de triunfo, de pensamientos negativos a positivos.

El miedo bueno es algo que sientes dentro de ti, pero a diferencia de los miedos malos que te destruyen, estos pueden impulsar a lograr tus propósitos. Te pueden dar fuerza para vencer tus dudas. Estos miedos pueden venir de terceras personas, y de retos que estas personas pasaron y triunfaron. Esto te puede dar un ejemplo y valor de seguir, porque quizás tus miedos son similares a lo de estas personas. Quizás esto te pueda ayudar que lo veas de una manera de crecimiento. Si otro lo hizo, ¿porque tu no? Si logras percibir estos miedos como tus aliados, pueden ser a que estos te obliguen a estar en constante acción para no caer en las garras de los miedos destructivos. Usa esos miedos para tu beneficio, descúbrelos hazlos tus amigos. Haz pacto con ellos que te acompañen y que te den ese impulso que necesitas para arriesgarte a seguir adelante camino al éxito.

El miedo bueno personal, es el que te puede llevar a moverte de tu zona de confort, y que te va hacer que te pongas en acción a pesar de todo, y salir de tu zona de seguridad, tus miedos buenos te exhortarán a que te hagas este tipo de preguntas:

¿Soy feliz donde estoy espiritual y económicamente?
¿Estoy contento con lo que he logrado en la vida?
¿Estoy a gusto donde vivo?
¿Gano el salario que merezco y deseo?
¿Paso tiempo de calidad con mi familia?
¿Ayudo a mis padres económicamente lo que ellos se merecen?
¿Tienes libertad financiera como para no preocuparte si dejas de trabajar o que llegues a faltar?
¿Tienes suficiente dinero para cubrir tus gastos y gustos?
¿Tienes tiempo y dinero?

¿Con quien te gustaría pasar más tiempo en tu vida, con tus amigos de fiestas, o tu patro de trabajo, o con tu esposa e hijos y tus padres?

Si contestaste las primeras nueve preguntas SI, y la 10 con la familia, te felicito estas reconociendo tus necesidades, y vencer tus miedos, ahora tu mas grande desafió es enfrentarlos con valentía, Dios te ayudé en tu camino.

"El mundo tiene una forma de entregar lo que se le demanda. Si está atemorizado y busca el fracaso y la pobreza, los conseguirá, no importa qué tan duro intente lograr el éxito. La falta de fe en sí mismo, en lo que la vida hará por usted, lo aparta de las buenas cosas del mundo. Espere la victoria y la logrará. No hay nada más cierto que esto en los negocios, esto es, cuando el valor y la fe traen recompensas materiales y espirituales."

Preston Bradley

Capítulo VI

MIEDOS DESTRUCTIVOS

EL ORIGEN DEL PECADO Y DEL MIEDO. Desde los días de Adán y Eva, los primeros en ser creados sobre la faz de la tierra, y la desobediencia que los llevo a pecar, empezó el miedo. Allí se originó el miedo más destructivo que existe en el mundo: el pecado. Todo comenzó desde la probadita del fruto prohibido y el temor entró al mundo. Génesis 3:8-10 dice: "Y oyeron la voz de Jehová Dios que se paseaba en el huerto, al aire del día; y el hombre y su mujer se escondieron de la presencia de Jehová Dios entre los arboles del huerto. Mas Jehová Dios llamo al hombre y le dijo: ¿donde estas tu? Y él respondió: oí tu voz en el huerto y tuve miedo, porque estaba desnudo; y me escondí." Como se darán cuenta, desde ese día empezó todo. Ese día quedó marcado para siempre en la vida del ser humano. Nuestro paraíso quedó destruido hasta el día de hoy. Desde ese día los miedos empezaron a nacer en el ser humano. Por eso este capítulo se llama MIEDOS DESTRUCTIVOS. Estos miedos destructivos son los que matan a las personas porque destruyen su alma, sus sueños, sus metas, y dan paso a la incertidumbre, la pobreza, la miseria, y la muerte. Son tan destructivas que si la persona afectada no empieza a buscar soluciones, estos miedos lo van a empezar a consumir hasta el borde de acabar con su vida. Usted no permita que esto le suceda. Si usted comienza a tener miedos que no puede vencer busque ayuda inmediatamente, ya sea, con amigos cercanos o con familiares. Sin embargo, si los miedos y los problemas son más profundos y serios, busca a Dios porque él es el único que puede darte la fuerza y dirección que necesitas para enfrentar tus miedos destructivos.

A continuación mencionaremos algunos de los miedos más destructivos que está padeciendo el ser humano en estos momentos críticos en el que la humanidad está atravesando. Donde ya no sabe qué hacer o en quien confiar por tanta incertidumbre en estos tiempos.

"*Estamos viviendo en los tiempos más difíciles, donde la confusión y engaño van de la mano prepárate para que no seas una victima mas.*"

Salvador Hurtado

EL ENGAÑO Y LA CONFUSION

EL ENGAÑO Y LA CONFUSION. La confusión existe en el ser humano y la viene padeciendo por causa del engaño cuando Eva fue engañada por la serpiente. Lo podemos ver en **Génesis 3:1-5: "Pero la serpiente era astuta, más que todos los animales del campo que Jehová Dios había hecho; la cual dijo a la mujer: con que Dios os ha dicho: no comáis de todo el árbol del huerto? Y la mujer respondió a la serpiente: del fruto del árboles podemos comer; pero del fruto del árbol que está en medio del huerto dijo Dios: no comeréis de él, ni lo tocareis, para que no moráis; sino que sabe Dios que el día que comáis de él, serán abierto vuestros ojos, y seréis como Dios, sabiendo el bien y el mal."** Como verán, desde los inicios a existido el engaño. Por lo tanto, la confusión, ha creado el desorden y la duda en el ser humano haciendo que la gente ande perdida. Esto lo lleva a cometer desvaríos, robos, crímenes, abusos sexuales, y muchas otras atrocidades que a diario vemos en los medios informativos. Muchas veces estos dicen más de lo que realmente pasa y por este motivo hay tanta confusión y tanto desorden que la gente tiene miedo a todo esto. Como explicar que estos miedos destructivos destruyen todo lo que tocan. Destruyen vidas y sueños sin piedad por el simple hecho de que el ser humano lo permite. Si sabemos que podemos enfrentarlos; ¿por qué no lo hacemos? Solo hay que orar y pedirle a Dios que nos de fuerza y valentía. **Está escrito en Felipenses 4:13: "Todo lo puedo en Cristo que me fortalece." En Salmos 9:9 dice: "El señor será refugio del oprimido, refugio en tiempo de angustia."**

El engaño en las personas en la actualidad es como el pan de cada día. Es necesario aunque se sabe muy bien que no es lo correcto. Lo hacen por muchas razones: para no herir sentimientos a personas cercanas, para quedar en bien con ciertas cosas, para conseguir beneficiarse en lo personal, no lastimar los sentimientos de su pareja. El engaño se puede definir de muchas maneras. Por ejemplo, ocultar la verdad de las acciones mala intencionadas o malas acciones hechas a espaldas de otras personas. El engaño puede llegar a interpretarse como espiritual o moral o ambas a la misma vez. El engaño moral puede ser en mi pensar, cuando tu pareja te oculta algo en tu relación. O te empieza a mentir y sospechas que algo no anda bien, pero tu pareja te dice que todo está bien. Te empieza a entrar la duda y la desconfianza. Ahí es donde entra la confusión. Por otra parte, en tu trabajo o negocio empiezas a ver irregularidades. O alguien está haciendo algo a tus espaldas. Preguntas, pero te dicen que todo está bajo control. Te entra la desconfianza y te confundes con las acciones que ves. A veces no encuentras que hacer ante estas circunstancias. Debes actuar con mucha precaución para enterarte de lo que está pasando. No actuar por tus sospechas, y pensar adecuadamente la solución. Que el engaño y la confusión no te destruyan. No pienses con el estomago piensa con la cabeza y actúa conforme a la situación que mejor convenga para no dejar malos entendidos. Por si aquello de las malditas dudas, lo recomendable es actuar deliberadamente como dice el refrán, porque, no sea que la vayas a regar porque podrá sanar la herida, pero la cicatriz queda.

Por otro lado el engaño religioso, es cada día más frecuente. Es el virus del siglo XXI. Las Sagradas Escrituras hablan de los últimos días. Habran guerras, desastres naturales, enfermedades incurables, y virus que acabaran matando a mucha gente. En realidad el virus que matará a mucha gente ya está aquí. Es la más terrible y desastrosa que no solo pueden matar tu cuerpo, sino también a tu espíritu. Esto se le puede atribuir a las diferentes religiones falsas que engañan a miles de gente en todo el mundoaparentando llevar la verdad. Sin embargo, esas personas son de dos caras. Claro está escrito en la biblia en que en esto tiempos se levantaran falsos profetas y aparecerán muchas religiones, y esto, con el firme propósito de engañar a la gente y confundirla. **En Mateo 7:21-23 dice: "No todo el que me dice: Señor, Señor entrará en el reino de los cielos, sino el que hace la voluntad de mi padre que está en los cielos. Muchos me dirán aquel día: Señor, Señor, ¿no profetizamos en tu nombre, y en tu nombre echamos fuera demonios, y en tu nombre hicimos**

muchos milagros? Y entonces les declarare: nunca os conocí: apartaos de mi, hacedores de mal."

Estamos viviendo en un mundo lleno de engaños y la pregunta que se debe hacer todo mundo; ¿Qué hacemos? La respuesta puede estar más cerca de lo que te imaginas. Todo depende de qué tipo de respuesta busques. Moral, espiritual o ambas. Identifica tu pregunta para que puedas entender lo que necesitas y empieces a investigar lo que te preocupa. Si tu respuesta es ambas, yo, en lo personal, te puedo sugerir lo que a mí me está ayudando bastante. Porque el problema eran ambas, primero busqué la guía de Dios, entregué mi vida, todos mis problemas y deudas a Jesucristo. Por la gracia de Dios todo está mejor ahora. No te permitas seguir siendo engañado por las personas. Busca la verdad de la verdad. Solo está en las Sagradas Escrituras; la Biblia. Ahí están todas las respuestas a tus preguntas, si estas buscando solución a tus problemas lee **Mateo 7:7-8: "Pedid, y se os dará; buscad, y hallareis; llamad, y se os abrirá. Porque todo aquel que pide, recibe; y el que busca, allá; y al que llama, se le abrirá."** Estos solo son sugerencias. Si te sientes más cómodo preguntando a tus amigos y familiares, adelante haz lo que sea necesario, pero no te quedes sin hacer nada. No permitas que el engaño te confunda, porque si quieres ser feliz y exitoso tienes que vencer estos miedos destructivos.

El engaño distingue razas, ricos, pobres, religiones, sexo, adultos, niños, o ancianos. Este mal barre con todos y no mide las consecuencias ni la magnitud de sus daños, pero este mal se puede erradicar. Primero, empezando por uno mismo. Enfrentando el engaño con la realidad. Solo cuando decidas ver la luz a través de la oscuridad es cuando comienza la gran batalla de tu vida. Así que adelante, si crees en Dios estos versículos te pueden ayudar: **Filipenses 4:13: Todo lo puedo en Cristo que me fortalece."** Anda, ve y triunfa, y no hagas lo que no quieras que te hagan, no engañes si no quieres ser engañado.

"El gran problema de la humanidad ha sido desobedecer, aunque tenga que pagar el precio por sus errores a falta de obediencia."

Salvador Hurtado

LA DESOBEDIENCIA

LA DESOBEDIENCIA. El origen de la desobediencia viene también desde el origen del pecado. Desde que Dios les dijo a los primeros hombres, Adán y Eva, que podían podían comer de todo lo que había en el huerto menos del árbol que estaba en medio del huerto. Desde ese día se sabe que comenzó la desobediencia, según los escritos de la biblia. La desobediencia no solo se remonta hasta esa época, sino que debemos recordar que por la desobediencia, el Ángel que según la biblia era el más lindó, el que tenia mas sabiduría que el resto de los demás Ángeles, el más amado por Dios, y por la desobediencia este fue desterrado y arrojado del cielo.

La desobediencia, independientemente del origen, sigue siendo un problema que a diario tenemos que enfrentar todas las personas, desobedecer es lo que la gente de alguna u otra manera hace a diario, ya sea, a los padres, a la sociedad y a Dios, a diario rompemos las leyes, por ejemplo, en la sociedad lo hacemos, en la ley de de tránsito de la ciudad al manejar fuera del límite, que indica a qué velocidad debes manejar, pero manejas aun así manejas fuera del límite sabiendo, muy bien que esto te puede traer consecuencias, no nomas ese instante si no a futuro, porque esto permanecerá en tu record por largo tiempo, y luego decimos que la ley es mala, o que te discriminan, no pensando que el desobedecer las leyes de tránsito, estas pagando tu castigo a la desobediencia.

La desobediencia a los padres, es lo mas critico en estos tiempos, cuántos hijos no desobedecen lo que sus padres les dicen, que hagan, o no hagan, cuanto joven en estos días vemos hundidos en problemas, de alcoholismo, drogadicción, vandalismo, terminando en la cárcel, todo por desobedecer, el consejo de sus padres, ellos prefirieron seguir consejos de malas compañías, y ese es el resultado de la desobediencia, ahora estos tienen que pagar el precio, de sus malas decisiones tomadas, siendo privados de su libertad, todo por no obedecer, cada quien tiene su paga conforme a lo que hace cada uno conforme a sus acciones.

Por otra parte, la desobediencia mas grande es la desobediencia a DIOS. Tú puedes desobedecer las leyes de los hombres y de tus padres. No pasa gran cosa. Simplemente unos cuantos años de cárcel o unos cuantos garrotazos de tus padres, pero hasta ahí quedó. Eso se soluciona, ¿verdad? Sin embargo, la desobediencia a Dios es más grave, porque escrito esta que sigamos sus mandamientos, y a diario estamos rompiendo las leyes de Dios. ¿Cuántos de nosotros no hemos desobedecido a diario algunos de los diez mandamientos que Dios nos puso? **Lee EXODO 20:2-17.** Aquí te darás cuenta de la gran desobediencia, que está haciendo el ser humano. Este es el problema más grande del mundo entero. La única solución está en buscar la verdad y la única verdad la encontrarás en la biblia.

Ya que en la actualidad todos tenemos problemas similares, lo único que queda es orar, pedir, y actuar, ya que la desobediencia esta en nuestro existir desde el inicio de la creación, animo y ten fe, que tenemos mucho en que trabar, vence tu miedos y adelante.

"Si quieres destruir, familia, parejas,
negocios, o ver sufrir a los que te rodean y de
paso sufrir tu, y quedar en ridiculo,
solo miente."

Salvador Hurtado

LA MENTIRA

LA MENTIRA. En estos tiempos vivimos en una época llena de maldad, mucho egoísmo, la hipocresía cada día se ve más en la humanidad, la mentira sin duda está ocupando la mente de la gente, y por si fuera poco, hasta los medios de publicidad bombardean la mente con mentiras. Ya, desde niños, aprendemos a mentir. En esa edad parece divertido y venimos creciendo con esa mentalidad de salida fácil, ya que nuestros padres nos inculcaron la mentira sin que ellos se dieran cuenta. Cuantas veces no le dijeron cuando niño, si alguien llegaba a la casa; "ve y dile que no estoy." Nosotros lo tomamos como cualquier orden que nuestros padres nos daban, así que desde chicos aprendimos a mentir. Sin embargo, ya de adultos nos damos cuenta del error, pero también lo seguimos trasmitiendo a nuestros hijos. Sabemos que mentir es pecar. Está comprobado que la mentira dura hasta que aparece la verdad. Es muy cierto esto, en estos tiempos la mentira a corrompido al mundo entero. Tanto en el ambiente político, cultural, académico y aun lo más triste en la iglesia donde supuestamente se debe compartir la verdad. En la actualidad, la mentira a desplazado a la verdad, y la verdad está siendo cada vez mas opacado por la mentira.

Por lo tanto la mentira es un vicio que corrompen a las personas. La mentira la usan para salir de sus equivocaciones, de infidelidad, de engaño. Cada vez más, hay un gran abismo entre la verdad y la mentira. Hoy la mentira está desplazando la verdad en todos los ámbitos de la sociedad. La mentira es muy destructiva cuando la persona que miente permite que esta se convierta en hábito. Estarán de acuerdo conmigo, que la mentira es uno de los peores males, y defectos que sufre el ser humano. Sobre todo, si la mentira es dicha con la intención de obtener beneficio personal. Si se hace sin pensar en las consecuencias que esto traerá a futuro. La persona que miente se siente beneficiada en ese momento, o simplemente se siente librado de su error cometido, pero no se da cuenta que la mentira es un escondite temporal que la perjudicará más adelante o quizás por siempre. A menudo, se ven en la sociedad actual, sin embargo, siempre habrá personas que justifiquen las mentiras piadosas, y con el firme propósito de no querer lastimar y herir sentimientos. Según ellos, aparentemente son mentiras sin un fin destructivo, pero esas personas no se dan cuenta, que están permitiendo la incubación de la mentira. De algo que, tarde o temprano, va a traer consecuencias muy desastrosas. La mentira en la pareja trae como consecuencia, enojo, desconfianza, y aun peor, esa pequeña mentira te puede llevar a engañar. Si las mentiras son más delicadas pueden llevarte a perder la confianza en ti, y en tu pareja. Esto llegará a la separación con tu pareja. Todo por permitir que la mentira se apoderara de ti.

La mentira está arrastrando a la humanidad hacia la perdición. Por causa de la mentira se han destruido familias, negocios, amistades, porque cuando se descubre la mentira en la persona, lo desmoraliza cargando con la conciencia de la deshonra de tu familia, y de su misma persona. Esto puede tener solución. Cuando te encuentres en esta situación, lo recomendable es buscar la ayuda en Dios. Confía en el Señor. El es el único que te puede sacar de esa sombra destructiva de la mentira.

Aun la biblia habla sobre la mentira en los diez mandamientos que Dios dejo como leyes para que el hombre los siguiera y pudiera tener más orden y respeto entre sí. El noveno mandamiento dice: "no hablaras contra tu prójimo falso testimonio, o sea, MENTIRA. En la biblia vas a encontrar en varios versículos que te hablan sobre la mentira, esas mentiras que te atormenta, que te hace sudar, cuando ves a la persona que le mentiste. Cada momento que ves a la persona, te cruza por la mente la mentira que le dijiste. Quizás por esa mentira estás sufriendo, lo vez y te remuerde la conciencia. Tu conciencia no te deja en paz, porque esa mentira retumba en tu mente y andas día tras día llevando la carga de la culpa. Ese es el tormento de vivir con la mentira, esa mentirá que absorbe tu mente, que cada día que trascurre se hace mas grande, y te ahoga por dentro. No permitas que esto acabe contigo. La solución la puedes encontrar solamente en

Dios; en el nombre de Jesús. **TODO LO PUEDO EN CRISTO QUE ME FORTALEZE. Filipenses 4: 13.**

El ser humano ha perdido sus valores morales y eternos concentrando su vida en lo material y perdiendo su enfoque en lo espiritual. Con ello ha intensificado el uso constante de la mentira, directa o indirecta. Somos aliados de la mentira si ocultamos a la persona que la comete. Simplemente por callar somos participes de tal mentira. La biblia lo dice en **1 Juan 1:6: "Si decimos que tenemos comunión con él, y andamos en tinieblas, mentimos y no practicamos la verdad."** Mentir y hablar blasfemia (chismear,) es como encender la mecha de la pólvora. Se riega muy rápido y causa gran estrago en el lugar de los hechos, y ese lugar puede ser tu familia, o tu pareja.

Por algo la Biblia llama a Satanás el padre de la mentira, sabiendo muy bien que al mentir, estamos haciendo daño a alguna persona. Si lo hacemos, estamos permitiendo que el diablo nos confunda. Pensamos que estamos en lo correcto, porque estamos evitando que alguien sea lastimado. **Juan 8:44 dice: "vosotros sois de vuestro el padre el diablo, y los deseos de vuestro padre queréis hacer. El ha sido homicida desde el principio, y no ha permanecido en la verdad, porque no hay verdad en el. Cuando habla mentira, de suyo habla; porque es mentiroso, y padre de la mentira."** Los pecados y las mentiras que llevó a la caída del hombre son varias. En primer lugar, la desobediencia, la codicia, el engaño, y la rebeldía. Pero todo comenzó con la mentira. Las consecuencias terriblemente devastadoras, para toda la humanidad, por la mentira fue que perdimos el privilegio de vivir en el paraíso, la vida eterna, la comunión directamente con Dios. Dios detesta la mentira, por algo lo puso en sus mandamientos en Exodo 20:16 dice "no hablaras contra tu prójimo falso testimonio." Terminamos con esto de la mentira. No permitas que la mentira te destruya, tú hogar, tu familia, tus amistades, ni tu trabajo. Lucha por conocer la verdad, y la única verdad es Cristo Jesús. Esta la encontraras a través de la biblia, estudiándola y analizando, y encontraras lo que buscas.

"Los celos son simplemente, la falta de seguridad y confianza, al no sentirse seguro de lo que tiene y le pertenece."

Salvador Hurtado

LOS CELOS

LOS CELOS. Estos dos males van juntamente agarrados. Son dos miedos destructivos. Los celos empiezan aparecer cuando entra en desconfianza. Los celos corrompen el alma y destruyen a la persona por dentro al no sentirse segura de lo que tiene y vale. Empieza a tener temor de perder algo que le corresponde o que le pertenece entrando así a una inseguridad de su persona. Esto le da oportunidad a la entrada de este terrible miedo, que es los celos.

Los celos viene siendo un problema profundo. Desde los inicios que el hombre fue expulsado del paraíso, si han leído la biblia, o escuchado historias sobre Abel y Caín; Caín mato a Abel por celos. Ambos adoraban a Dios, los dos le llevaron ofrendas, Abel le llevo lo mejor de su ganado y Caín le llevo de su cosecha no lo mejor, y Dios le gusto la ofrenda de Abel y Caín se puso celoso y lo mató.

Cuantos personas como Caín hay en el mudo, llenos de celos, ya sea de su pareja, en el trabajo, o porque el vecino, o amigo tiene más que uno. Cuantas veces no te empieza a gustar lo ajeno porque se ve mejor de lo que tú tienes.

Los celos involucran a hombres y mujeres. No hay diferencia. Ambos tienen el temor que la persona a quien aman se aleje y esto da comienzo a la desconfianza, provocando, violencia, tristeza, rabia y humillación. A partir de este punto es cuando surgen los problemas fuertes y conflictos en las relaciones cotidianas. Esto lleva a la persona a tener problemas psicológicos, teniendo baja autoestima, egoísta, insegura, desconfianza de sí misma, muchos de los problemas de pareja empiezan por los celos, los celos pueden estar abriendo un gran abismo que puede separar a la persona querida. Muchas veces las personas se sienten dueñas de otras y no debe de ser así. Acuérdense que su pareja es un ser humano no una propiedad. El ser humano piensa que todo es de él y mientras sigamos pensando de ese modo siempre habrá celos. Debemos de tener cuidado con estos. No permitas que estos celos entren en tu persona, por una insignificante falta de comunicación empieza el borlote en la pareja: "¿donde estabas?, ¿con quien saliste?, ¿porque no llamaste?, ¿porque llegas tarde?, ¿porque no me avisaste?, ¿quien es esa persona que te llama tan seguido? ¿a quien miras?" Para acabarte de atormentar te dan el bufet de chismes: "fíjate que vimos a tu pareja en tal lugar, y con fulana de tal, y fíjate que esto y el otro…" Estas pequeñas preguntas y grandes chismes, si no las preguntas con precaución, te pueden traer dudas y los celos vienen por lo que escuchas y no ves. Ten cuidado con estas cosas que traen gran poder, y pueden destruir tu confianza. Estas preguntas son síntomas de inseguridad y falta desconfianza en tu pareja. Solamente el dialogo y el verdadero amor puede disminuir estos celos destructivos, que acaban con relaciones de novios, y con lo más sagrado de la sociedad, EL MATRIMONIO Y LA FAMILIA.

"*Uno de los males que pueden llevar al ser humano a cometer atrocidades es el odio, y está a su vez puede causar destrucción emociona, y mental en la persona.*"

Salvador Hurtado

EL ODIO

EL ODIO. El odio es un mal destructivo que afecta a todas las personas que tienen rencor en su corazón. El odio se describe como lo contrario al amor. El odio puede causar sentimientos de destrucción. El odio se puede presentar en varias formas y en una intensa forma de desagrado hacia otras personas que con frecuencia es lo más común. Se escucha en las noticias el odio entre razas que existe en Estados Unidos y en todo el mundo, el odio entre familias y en el matrimonio mismo. El odio está corrompiendo al ser humano en general. Las guerras y el terrorismo son pruebas contundentes del odio que hay en el mundo. En la sociedad, ni se mencione cuanta discriminación de personas. En la religión, por igual existe odio aventándose la piedra entre iglesias. En el matrimonio, aun peor, es donde se debería de dar el ejemplo de amor, pero es en el mismo hogar donde nace el odio, cuando en la pareja empieza los pleitos delante de los hijos. Es cuando los hijos empiezan a tener resentimiento hacia los padres, y si las discusiones son frecuentes, ahí es donde crece el odio, ya sea, hacia el padre o la madre. Si hay separación terminan siendo odiados ambos. Todo lo malo que les llega a pasar en la vida a las personas afectadas, llevan ese odio metido en su corazón desde el día en que los padres se separaron, y quizás esto haiga afectado en gran forma el desarrollo de la persona, y por esa razón siente odio, hacia algunos padres, sin saber las consecuencias que orillaron a ciertos padres a tomar esa decisión.

El odio en la pareja surge, cuando uno de los dos le hace daño, provocando así que surja odio en la persona que ha sido ofendida, o simplemente surgen chismes de terceras personas, provocando que nazca el rencor, y si el rencor que sientes no lo controlas se puede llegar a convertir en odio, y aceptando que el odio nazca y le permitas crecer, tomara tu corazón y absorberá tu ser llevándote hacia tu tormento cada vez que pienses en ese problema, y este odio ocupara tu pensamiento constantemente, en lugar de ocupar tu mente en algo productivo y buscar la solución, te estás hundiendo cada vez más en esta enfermedad, que acabara dejándote solo, por el simple hecho de no pensar bien las cosas y no tener el valor de enfrentar tus problemas, amigo mío te recomiendo que si esto te está pasando busques la solución, y no permitas que los odios te destruyan.

"Usted puede hacer cosas sorprendentes si tiene una fuerte fe, deseo profundo, y simplemente se aferra a lo que quiere."

Norman Vincent Peale

"Solo las personas incapaces de aceptar la realidad y no tener el valor de enfrentar sus problemas, se esconden detrás de estos vicios para ocultar su realidad y viven exhibiendo su cobardía y culpando a los demás por sus errores."

Salvador Hurtado

LA FALTA DE CREENCIA Y FE

LA FALTA DE CREENCIA Y FE. La falta de creencia y fe, son los ingredientes más necesarios en el ser humano. De aquí es donde parte tu éxito o tu fracaso. Por esta razón la falta de fe y creencia puede llevarte a la destrucción. La falta de creencia en la persona lo llevará a bajar su autoestima. Lo hará sentirse inferior en su vida. No tendrá ningún propósito en la vida. Realmente no tendrá fe en lo que él puede ser por la falta de creer en sí mismo. Dejará atrás todo el potencial que tiene dentro su persona, pero por la falta de creer que pueda hacer grandes cosas en la vida pierde la fe. Recuerda que la fe es algo que quieres, pero no lo puedes ver. Si crees lo puedes conseguir, pero si tu eres de las personas que primero quieres ver y después creer, va ser muy difícil que consigas lo que quieres lograr en la vida. Esta puede ser la razón y la clave de la falta de creencia y fe porque a lo mejor en tiempos atrás creíste y tuviste fe, y no te resultó. Te has preguntado alguna vez ¿porque no tienes resultados en lo que haces? Pueden ser varias cosas, quizás la falta de persistencia, o la falta de planeación, o tal vez la poca fe que te tienes en ti. Esto te detiene en tu desarrollo personal, y limita tu creencia en lo que puedas lograr como persona. Se valiente y esfuérzate. Ten fe, cree en ti, que si tu no crees en ti nadie más lo hará. eres tú, solo tú que tiene la capacidad de cambiar tu situación, no permitas que la falta de fe y creencia te detenga y roben tus sueños.

EL ALCOHOLISMO Y LA DROGADICCION

EL ALCOHOLISMO Y LA DROGADICCION, son dos temas que trataremos (como miedos destructivos) y la razón porque miedos y no vicios destructivos, aunque ambos significados sean diferentes, pero al final te llevan a un mismo fin, a la destrucción de tu vida, independientemente de que ángulo lo quieras ver, es a la misma realidad que te pueda llevar, "estos grandes "vicios", y los más grandes en la historia de la humanidad, estos vicios en la actualidad están abriendo un inmenso abismo en la sociedad, y la familia," empiezan con pequeñas probaditas para ver que se siente, y saber porque casi todo el mundo cae de alguna o otra forma en estos vicios, todo comienza como un juego, para que tus amigos no digan que eres gallina, luego sigue la otra, y la otra para complacer a tus amigos y sigas siendo parte del grupo, pero más adelante esto se va tornando cada vez más complicado, y más si es con adolecentes rebeldes que siempre quieren experimentar lo que está de moda, o lo que los amigos hacen.

Pero la mayoría de las veces que los adolecentes empiezan a introducirse en las drogas, es por la desatención de los padres, y los jóvenes se sienten mejor en las calles que dentro del hogar, por la poca comunicación que hay entre padres e hijos, y aquí es donde realmente comienza la fragmentación de la familia, por la poca atención que se le pone a los hijos cuando nos necesitan, ellos no necesitan todo tu tiempo, lo que los hijos necesitan que los escuchemos un rato, que nos sentemos a platicar con ellos, que nos interesemos de sus problemas, y que realmente nos interesamos a lo que a ellos les pasa, y que tomemos un tiempo de pasar con ellos, lo que ellos necesitan es un poco de comprensión, muchas veces nosotros como padres, no tomamos en serio lo de padres, nuestros hijos al ver ese distanciamiento con ellos, ellos buscan quien lo escuche y quien les ponga atención y les es más fácil recurrir a los amigos que les ponen más atención, que un padre, y supuestamente nosotros como padres nos esforzamos para que no le haga falta nada, pero no nos damos cuenta del grande error que cometemos al descuidar a lo hijos, y cuando nos enteramos lo primero que hacemos es en recriminarlos y les echamos la culpa, y por si fuera poco les echamos en cara lo mal agradecidos que son, diciéndoles, yo que me la paso trabajando para que a ti no te haga falta nada, y mira con lo que me pagas, que no te da vergüenza de lo que haces? Que te ha hecho falta? Si te hemos dado todo lo que hemos podido darte. La verdad que uno como padre si de verdad hubiéramos dado todo, yo pienso que no hubiera tanta drogadicción y alcoholismo en la juventud de hoy, y no estaríamos aventando a los hijos a las calles si tan solo les diéramos unos minutos para conversar de sus situaciones o dudas de su juventud, las cosas serian diferentes en la sociedad, y habría menos delincuencia, menos jovencitas embarazadas, menos abortos, menos niños abandonados, todo sería muy diferente si realmente nos preocupáramos mas por los hijos, y no estar buscando culpables o a quien culpar, hazte esta pregunta "¿en que estamos fallando?" Como dice **Juan 8:7; "el que de vosotros este sin pecado sea el primero en arrojar la piedra contra ella."**

*"Las personas adictas a este mal,
son simplemente sinvergüenzas, exhibiendo su
bajeza espiritual y moral."*

Salvador Hurtado

LA PORNOGRAFIA

LA PORNOGRAFIA, la pornografía ha ido creciendo más en estos días, y el mal aumenta conforme crece la tecnología, llevando así a ser cierta la predicción que tuvo **(Daniel,12;4, "pero tu Daniel, cierra las palabras y sella el libro hasta el tiempo del fin, muchos correrán de aqui para allá, y la ciencia se aumentara.")** y también el mal va en aumento cada vez mas conforme la gente consigue la forma de conectarse al internet, un sistema de comunicación se creó para el uso de aprendizaje más rápido, y tener acceso más rápido a la información necesitada, en la actualidad mucha gente se ha aprovechado de este avance, haciendo cosas que están perjudicando a la sociedad en general, déjenme explicarles porque en general, la persona que que ha caído en este vicio destructivo, no nomas se está destruyendo el, sino también su familia sufre las consecuencias, las consecuencias más comunes que padecen con mas frecuencia, en lo moral, falta de respeto en a la familia, y lo económico.

"En lo moral, la persona adicta a este vicio de la pornografía pierde la vergüenza de sus acciones," falta de respeto hacia su pareja, porque le importa más pasar tiempo enfrente al monitor, que pasar tiempo con su pareja, prefiere perder el tiempo viendo cosas que lo alejan de sus hijos, en lugar de dedicarle tiempo a ellos, estas personas pierden la noción del tiempo por estar metidos en su monitor viendo pornografía, y ya adictos a esto no escatiman el costo de su deleite, no se dan cuenta del precio que puede costarles, no nomas se involucra el costo monetario, sino también moral y familiar, porque estas siendo cómplice de esa gente que explota a niños, adolecentes, y mujeres necesitadas para sobrevivir, ni cuenta se dan del daño que se causan ellos mismos y a la sociedad. Por lo tanto uno como persona puede tener control de esta situación, no involucrándose y ver que sus hijos hacen cuando ocupen este servicio de internet.

"Al no tener sueños y metas,
las personas van sin rumbo fijo."

Salvador Hurtado

"En la actualidad la carencia más grande que
sufre el ser humano es la comunicación. De
qué sirve tanta tecnología, si hay un gran
abismo entre la sociedad y la familia."

Salvador Hurtado

LA FALTA DE SUEÑOS Y METAS

LA FALTA DE SUEÑOS Y METAS. Hágase esta pregunta personal, hoy Porque no he logrado las cosas que quiero hasta hoy? mucha gente vive hoy frustrado de los logros que ha obtenido durante el trascurso de su vida, y por lo visto no lo que ellos deseaban, vamos a tocar el punto el porqué la falta de sueños y metas puede ser destructivos. Uno no puede obtener las cosas simplemente porque quiere, o le gusta, para conseguir lo que quieres tienes que tener sueños y metas, saber qué es lo que quieres, tener un propósito, cuando lo quieres, cuánto cuesta, que estás dispuesto hacer para lograrlo, si tu no planeas en la vida, o simplemente tienes miedo de pensar en grande, y le temes a los compromisos, déjame decirte que esos son miedos destructivos.

"Al no tener sueños y metas, las personas van caminando sin rumbo fijo." (el farol que está en el puerto sirve para guiar a los barcos para que no encallen o choquen), porque no saben a dónde se dirigen, al igual que la niña que va perdida en el bosque, y se encuentra en medio de diferentes caminos y a lo lejos mira a un oso, y le grita, " Señor oso ayúdame?, estoy perdida

dígame como salir de aquí ", el oso le pregunta, "para dónde vas?", y la niña le responde, "no se! El oso le dice, entonces toma cualquier camino." La reflexión de este ejemplo es que muchas personas estamos como esta niña, que no sabemos a dónde queremos ir y que es lo que queremos lograr en la vida, de hecho si no sabemos a dónde nos dirigimos ya llegamos. Porque a decir verdad hay personas conformistas que están a gusto con lo que tienen, y se sienten realizados, pero aunque muchas veces no les alcanza para cubrir sus gastos y necesidades, muchas personas no saben que es soñar, muchos dicen que es lo que soñamos en las noches, pero en realidad yo les digo, esas son pesadillas, de no poder dormir por las deudas que uno tiene, y no tener la forma se solventarlas, y les hago la misma pregunta sobre, que son metas, y lo mismo, muchos dicen disparates y otros - no tengo idea - quizás esta pueda ser la razón porque muchos no saben cómo establecer metas y empezar a soñar, a esto se le puede llamar falta de sueños y metas, y esto puede llegar a ser destructivo.

LA FALTA DE COMUNICACIÓN

LA FALTA DE COMUNICACIÓN. Este tema es donde necesitamos poner atención, puesto que "la comunicación es vital, es lo más importante que debemos de tener los humanos, la comunicación en la pareja es muy importante, porque de ahí es donde surge la buena red de comunicación para la familia," al igual que en lo espiritual debemos estar en constante comunicación con Dios, la comunicación en la pareja y la familia debe de ser constante, tanto hablada como física, muchas veces no es necesario tanta palabrería, muchas veces es más efectivo la comunicación física, simplemente una sonrisa puede significar mucho para una persona desmoralizada, un abrazo o una palmadita en el hombre, significa más para las personas con problemas sentimentales, la falta de comunicación en la pareja, orilla al distanciamiento, trayendo como resultado discusiones en lugar de conversación, golpes físicos en lugar de caricias, esto poco a poco va provocando, que haiga una comunicación más distante entre la pareja, dándole espacio a que la familia se aislé poco a poco, por lo tanto se empieza perder confianza en la pareja y los hijos lo notan, es entonces cuando comienza la falta de respeto hacia los padres, porque en la pareja ya no se ve solarizad de comunicación de familia, y los hijos comienzan a perder confianza en los padres, los jóvenes ya no les comentan de sus dudas, de sus pequeños problemas que como jóvenes que enfrentan a diario, estas desatenciones hacia ellos los distancia, de los padres por la pobre comunicación que ellos tienen entre pareja, como consecuencia llevando a toda la familia a tener problemas dentro de la familia, echándose la culpa uno a otro de los problemas que están pasando y por la falta de comunicación que hay en la familia, y esto puede llevar a destruir a la familia completa, muchas veces la pareja viven como desconocidos dentro del mismo hogar, se cruzan entre si y ningún saludo, ya ni una sonrisa se dan, y cuando los hijos comienzan andar por malos pasos, se echan la culpa el uno al otro, pero la solución es tan fácil, pero el ego de cada persona no nos permite ver mas allá de nuestra ignorancia, y nos damos cuenta cuando el daño está hecho, !si tan solo tuviéramos un poco de tiempo para hablar en pareja y en familia, al instante de darnos cuenta que algo está pasando, quizás no se llegaría a lamentarse uno de la falta de comunicación que falto, primero en uno como persona, porque uno permite que pase n las cosas, por lo tanto solo es una decisión que uno toma y ese es la consecuencia, mala o buena tú decides.

¿CUALES SON TUS MIEDOS DESTRUCTIVOS?

¿CUALES SON TUS MIEDOS DESTRUCTIVOS? Hasta ahora lo que has leído ojala te pueda ayudar, a identificar tus principales miedos que te están deteniendo, a tomar el paso decisivo de enfrentar tus miedos, identifica cuáles son tus miedos destructivos, para que puedas tu enfrentarte a algo necesitas saber a que te enfrentas, por eso que necesitas saber cuáles son, has una lista enuméralos conforme con el que tú crees que sea más grande.

"Es obvio que aquellas personas llenas de rencor y envidia carecen de paz espiritual, su rencor y su envidia amargan sus vidas."

Napoleón Hill, 1883–1970

"El crédito pertenece al hombre que está en el campo; cuya cara está marcada por el polvo y el sudor y la sangre; que persevera valientemente; que se equivoca y está a punto de lograrlo varias veces; que conoce los grandes entusiasmos, las grandes devociones, y se entrega a una causa noble; que sabe que los logros grandes llevan a triunfos; y que, en el peor de los casos, si fracasa, por lo menos fracasa arriesgándose inmensamente"

Theodore Roosevelt

Capítulo VII

MIEDOS CONSTRUCTIVOS

EL MEJOR MIEDO CONSTRUCTIVO. ¿Hoy es un día difícil para ti? ¿Necesitas tomar una decisión importante en tu vida y no sabes qué hacer? ¿Tienes miedo? Hay muchas cosas en juego y ¿sientes que la incertidumbre toma control de tu vida?

Quieres hacer algo, pero temes a equivocarte. ¿Cuáles pueden ser las soluciones a tus problemas? Hay una sola solución, que los identifiques y haz de estos miedos, miedos constructivos.

Mucha gente exitosa ha pasado por momentos difíciles en sus vidas, quizás a lo que tú te estás enfrentando hoy, todos ellos tuvieron retos, tuvieron miedo, pero esos retos fueron los que ellos enfrentaron y en lugar de dejarse intimidar por los miedos, los usaron para su beneficio, que tuvieron retos, si y muchos, pero atreves de todos estos obstáculos lograron crecimiento, lograron darse cuenta que atreves de los momentos difíciles, es donde sobresalen los verdaderos hombres, es donde uno se da cuenta de lo que es capaz, porque ni tú sabes de lo que eres capaz hasta que te pones a prueba.

Aun en la misma biblia se nos exhorta a que no tengamos miedo, el Salmón 25, habla de la vida como una larga jornada en la cual es imposible ser victorioso con las fuerzas de uno mismo.

Lo primero que debes de aprender es que la vida no es fácil, una vez que aceptes, que la vida es un camino lleno de retos y miedos y que tienes que luchar quizás contigo mismo, "porque no es tanto el problema en el hombre, si no el hombre en el problema," muchas veces ni nosotros mismo nos damos cuenta de lo mucho que pueden ayudarnos los miedos que tenemos, como ejemplo ¿porque nos obligamos a ir a trabajar? Una porque no quieres que te despidan de tu trabajo, otra porque tienes que pagar tus gastos, ambos cosas los haces por miedo verdad? Pero aunque tú no lo creas estos son miedos constructivos, porque de alguna o otra manera te obligas hacer productivo, estés de acuerdo conmigo, sí o no, así es, este simple ejemplo te dará una idea que no todos los miedos son tan malos como los describen, hay miedos que te pueden ayudar a construir tu carácter para enfrentar tus retos en la vida, hay otros que te obligaran a prepararte para enfrentar tus problemas económicos, también puedes encontrar miedos que te impulsen a capacitarte, tanto para los negocios, como para vencer tus miedos espirituales.

"En si la vida está llena de miedos, y la única solución está en tus propias manos, el mismo miedo a lo que le temes te obliga a buscar la solución y tomar acción," todo miedo que tú tienes en la vida, puede ser trasformado a tu beneficio, y a esto le llamamos miedos constructivos, depende a que le tengas miedo eso te puede ayudar si tu estas dispuesto a pagar el precio, a que le tendrías miedo tu? A engordar? Bueno, come comidas saludables y balanceadas, o tienes problemas de salud y te recomiendan que te cuides y que no hagas esto y no comas el otro, y a poco no lo haces? Aunque no al 100%, pero si te interesa tu salud lo haces aunque no te guste, verdad? Esto es un miedo que te ayuda a mejorar tu salud, o si tienes problemas económicos, te ves en la necesidad de buscar otro trabajo para cubrir tus necesidades, verdad, y con un ingreso extra te alivia un poco, pero el mal sigue, pero la idea de este tema es que tus miedos que tú tienes pueden ayudarte a salir adelante, no veas todo lo malo de esto busca de esto hacer miedos constructivos.

Pero recuerda siempre busca ayuda, como lo hizo el rey David, suplica a Dios que te muestre el camino que debes seguir, con esto en mente no tengas miedo de tomar decisiones que debes tomar hoy, no huyas, no te laves las manos culpando a otros por tu suerte, no postergues mas tu éxito, pide la dirección divina de DIOS y marcha hacia delante, con fe de que tu vida está siendo guiada por Jesucristo, "todo es posible para el que cree", (todo lo puedo en Cristo que me fortalece) "si crees que puedes tienes razón y si crees que no, también." Recuerda esto, "NO PERMITAS QUE NADIE TE DIGA QUE NO PUEDES, NI SIQUIERA TU, TE LO ACEPTES QUE VENGA DE TI, PORQUE TU ERES EL ARQUITECTO DE TU PROPIO FUTURO TU DECIDES COMO CONSTRUIRLO."

"No permitas que tus propios pensamientos te traicionen y te limiten en la capacidad de creer en ti, no alimentes la duda de tu potencial, porque eres tu el único responsable y capaz de cambiar tus miedos y pensamientos negativos a positivos."

Salvador Hurtado

"Los pensamientos positivos me benefician enormemente. Me ayudan a determinar mi propio destino, y a expandir mis habilidades en todas las áreas de mi vida."

Bill Wayne

PENSAMIENTOS POSITIVOS

PENSAMIENTOS POSITIVOS. En la actualidad la incertidumbre que hay en la sociedad, nos llevan a las dudas y miedos que nos impiden caminar y pensar con claridad, que nos permitan vivir una vida plena, como desearíamos, pero debido a las circunstancias que nos agobia los constante retos y miedos, nos limita pensar con un enfoque directo hacia lo que queremos, porque el diario ajetreo de la vida nos desenfoca del adjetivo principal: vivir la vida conforme al plan para el cual fuimos creados, según el plan de Dios, fuimos creados para la grandeza, y por si esto fuera poco, nos creo a su semejanza, si no cerciórese por sí mismo en **Génesis 1:26. Entonces dijo Dios: "hagamos al hombre a nuestra imagen, conforme a nuestra semejanza; y señoree en los en los peces del mar, en las aves de los cielos, en las bestias, en toda la tierra, y todo animal que se arrastre sobre en la tierra."** Como te das cuenta el hombre fue creado desde el inicio con gran valor y para la grandeza, pero es uno mismo que solo se va desvalorizando conforme pasa el tiempo, es la misma persona que permite que se devalúen sus principios y sus pensamientos.

De hoy en adelante procura que tus pensamientos sean positivos y constructivos, no permitas que tus propios pensamientos te traicionen y te limiten en tu capacidad de creer en ti, no alimentes la duda de tu potencial, porque eres tú el único responsable y capaz de cambiar tus miedos y pensamientos negativos, a positivos, pero solo se requiere de una persona que se decida hacerlo, y esa persona eres tú, si solo tú, tu eres la única persona capaz de cambiar tu interior, y ganar la lucha que tienes contigo mismo, porque esa es la gran batalla que tú debes de ganar - hace poco en una reunión de negocios nos preguntaban: "quien era nuestro más grande enemigo y donde estaba?" Muchos voltearon a su alrededor para ver si se encontraba ahí, luego el orador nos dijo de en vano buscan afuera, su principal enemigo y mas grande, se encuentra dentro de ti, tú mismo eres tu mas grande enemigo, porque tú eres el único que te limitas a todo lo que puedes ser… tu puedes ser todo lo que tú quieras, solo hay que llenar este requisito, CAMBIA TU FORMA DE PENSAR. Considero uno de los más grandes versículos en la biblia. **Filipenses 4: 8-9; "por lo demás, hermanos, todo lo que es verdadero, todo lo honesto, todo lo justo, todo lo puro, todo lo amable, todo lo que es de buen nombre; si hay virtud alguna, si algo digno de alabanza, en esto pensad. Lo que aprendisteis y recibisteis y oísteis y visteis en mi, esto haced; y el Dios de paz estará con vosotros."**

Como te darás cuenta, todo lo que ocupa tu mente y lo que usted piensa, significa más que cualquier cosa en tu vida, conforme a su pensamientos y la capacidad que tengas de descifrar tus virtudes, determinaras tu conducta de vivir, conforme a tu modo de pensar y esto determina donde vives, cuanto ganas, como eres con tu prójimo y con tu familia, en gran manera transformará tu vida, por lo consiguiente procura tener pensamientos positivos de grandeza.

Nunca hubo palabras tan ciertas como **Proverbios 23:7; "Porque cual es su pensamiento en su corazón, tal es el hombre."** Lo que entra en nuestra mente y ocupa nuestro corazón, y desarrolla nuestro sentir, algún lugar, en algún momento saldrá de nuestra boca. Por tal razón "ten cuidado con lo que permites que entre en tu mente y corazón, porque seguramente lo recibirás." A través de estas reflexiones te darás cuenta que todo lo que ocupa tu mente, te llevara en gran forma a determinar lo que puedas ser mañana.

"Cuando los demás se quejan de los obstáculos, tú tienes la oportunidad de demostrarte a ti mismo tu verdadero valor, los verdaderos hombres no se hacen escondiéndose de los obstáculos, sino enfrentándolos."

Salvador Hurtado

LOS OBSTACULOS EN LA VIDA

LOS OBSTACULOS. Este es un tema muy bueno que puede ayudarle a diferenciarse de los demás. Cuando los demás se quejan de los obstáculos, tú tienes la oportunidad de demostrarte a ti mismo el verdadero valor. Los hombres no se hacen escondiéndose de los obstáculos, sino enfrentándolos. Que a través de los retos aprendas y que a través de los obstáculos, Dios te está preparando para vencer tus miedos. Por cada reto que pasas en la vida y logres sobreponerte, es un paso más hacia tus metas, es un paso más que te diferencia del resto.

En la vida hay tipos de retos; retos familiares, retos sociales, retos económicos y retos espirituales. Todos estos retos son obstáculos que te pueden traer crecimiento en tu vida. Los obstáculos aparecen todos los días desde que te levantas hasta que te acuestas, ya sea en la familia, tu trabajo o tu economía.

Si tu deseo es emprender cualquier negocio vas a tener obstáculos, de alguna u otra forma. Te puede faltar documentación para los tramites de tu negocio, y cuando los tengas, van surgir más obstáculos, y con esto te darás cuenta que los obstáculos te van ayudar para obtener experiencia para el mañana. En pocas palabras esto significa que tienes que estar preparado para cualquier obstáculo que te traiga la vida.

Los obstáculos en la vida tienen un propósito, prepararte y enseñarte para enfrentar la vida, porque cada obstáculo que se presenta es porque tú estas buscando hacer algo diferente. Quizas hacer algo que a lo mejor es algo nuevo para ti. Todo lo que por primera vez se va intentar hacer va a traer consigo retos y obstáculos. Por eso debes prepararte antes de aventarte hacia una nueva oportunidad.

Pero recuerda, todo reto y obstáculo en la vida, es para tu crecimiento, y al enfrentarlos te des cuenta de todo lo eres capaz de lograr en la vida. Si te lo propones, así como lo hicieron los grandes hombres de negocios, ellos también tuvieron retos y obstáculos, pero ellos supieron sobreponerse a todos esos miedos y obstáculos. ¿Tuvieren miedo? Sí, y también grandes retos, a lo mejor como tú ahora, pero esas personas exitosas tuvieron la valentía de superarse a pesar de los obstáculos que se encontraron camino a su éxito. Ninguna persona exitosa tuvo el camino libre de tropiezos, todos ellos lo tuvieron. Aún con sus propias familias, así que no te sorprenda si tu familia te apoya o no. Sigue firme con lo que quieres lograr para tu beneficio y la de tu familia. Después de que logres lo que quieres en la vida te van a decir que tuviste suerte, pero no es suerte, es compromiso, persistencia y sacrificio que tuviste que hacer para aprender de los obstáculos. Sin embargo, nada grande se ha logrado sin vencer grandes obstáculos en la vida. Día a día se aprende de los obstáculos, mayor el reto, mayor es la recompensa.

Los obstáculos no discriminan, no tienen favoritos, no miden a la persona altos o chaparros, guapos o feos, creyentes o no creyentes. Dios no manda obstáculos conforme al aspecto físico, o de qué tipo de creencia eres, sino que para todos aquellos que se atrevan a superarse en la vida. Dios te pone pruebas para que te superes, y a través de los obstáculos obtengas crecimiento como persona, y valores lo que con gran esfuerzo puedas lograr en tu vida. Para que logres sacarle provecho a todo eso que te costó obtener. Que puedas enseñar a tus hijos que nada en la vida es fácil, que todo lo que se logra en la vida se paga un precio. Ahora tu reto es mostrarles el camino de cómo vencer los obstáculos, y enseñarlos a valorar y dar gracias a Dios por todo ya sea bueno o malo. Recordarles que Dios tiene un propósito con los retos que nos pone a diario de demostrarnos que fuimos creados con el poder de vencer todo. Aun si eres chaparro, con más razón lo hizo para demostrar su grandeza a través de ti. Acuérdate de David y Goliat; David un jovencito y Goliat gigante. David lo venció porque Dios estaba con él. No importa cuál sea tu condición física. Si Dios te pone retos es para demostrarte lo que puedes ser capaz, a pesar de tu físico. Hay mucha gente discapacitada haciendo lo que mucha gente físicamente completa no hace. Cuantas veces se ha visto en la television a gente sin piernas o sin brazos haciendo cosas increíbles. Sin embargo, lo más increíble es que si estás físicamente completo y no haces nada. Eso si que da algo que pensar. Si ahora estas teniendo retos dale gracias a Dios porque estas buscando superarte y al tratar de superarte te vas a encontrar muchos. Así que sigue adelante, y recuerda que dice la biblia: **"Mira que te mando que te esfuerces y seas valiente." Josue 1:9.** Pon todos tus obstáculos en Dios, confiando en él, y has tu parte. No dejes que los obstáculos te detengan, recuerda que si te propones realizar en tu vida cosas grandes, los retos te están esperando para ponerte la gran prueba de lo que realmente eres. Tú decides si permites que los retos te detengan y te quedes viendo pasar a los que se superan, triunfan y disfrutan de sus logros con los que aman, o te arriesga a enfrentarlos. No seas como la mayoría, que siempre buscan a quien culpar de sus fracasos. Date cuenta que todos quieren lograr algo, pero lamentablemente cuando surgen los retos y se las ven duras es cuando se diferencian los ganadores de los perdedores. Cuando el camino se pone duro, solo los duros se mantienen caminando.

Los obstáculos y retos son los culpables de muchos fracasos en las personas, porque estas no tuvieron el valor de seguir, y sus sueños no eran lo suficientemente grandes como para luchar por ellos. Sus metas no estaban bien fijas con un enfoque claro de lo que querían, por eso se rajaron y fracasaron. Aunque por otro lado, son los responsables de muchos éxitos. Gente que si tuvo el coraje de seguir a pesar de los retos que se encontraron en el camino, esta gente que se puede contar porque han marcado la diferencia en su familia. A diferencia de los que fracasan que son incontables, los exitosos pueden ser ejemplo a seguir si buscas superarte en la vida. Lee las biografías de esta gente y verás que ellos también tuvieron grandes retos. Estos quizás te ayuden a entender mejor que si no hay retos en la vida no hay crecimiento. Así que prepararte para enfrentar los obstáculos y Dios te guie en tu camino hacia el éxito.

"El deseo de querer lograr más en la vida, es cuando surgen, sueños y metas, las metas pueden ayudar a dar dirección a tus sueños. Pero detrás de cada sueño hay compromisos y retos que vencer para lograr las metas."

Salvador Hurtado

"Todos deberíamos estar preocupados acerca del futuro porque tendremos que pasar el resto de nuestra vida allí."

Charles F. Kettering

SUEÑOS Y METAS

SUEÑOS Y METAS. El sueño se puede definir como una imagen que comienza dentro del subconsciente. Una imagen que la persona crea al desear algo que le gustaría tener o ser en el futuro, es como las cámaras fotográficas instantáneas, que toman la foto y poco a poco va apareciendo la imagen. Así podemos comparar los sueños de las personas, para poder tener sueños, primero tienes que saber qué es lo que quieres y visualizarlo. ¿Cómo es? ¿Qué es? Cuenta que ya lo tienes y piensa como seria si ya lo obtuvieras. Estos pequeños pensamientos son muy poderosos y te pueden ayudar a definir tus sueños. Si te repites constantemente el deseo de querer lograrlo esto se llega a convertir en un deseo ardiente. Es cuando surgen las metas y las metas te pueden ayudar a darle dirección a tus sueños. Pero detrás de cada sueño y meta hay compromisos y retos. Un sueño no sirve de nada si no hay acción y la acción genera movimiento y el movimiento trae resultados dependiendo el esfuerzo que le pongan. Todas las metas son aquellos sueños que quieras realizar. Tienes que ir tras ellas a pesar de los obstáculos, si tus sueños son lo suficientemente grandes, entonces no hay meta que no puedas lograr, ni retos que te detengan, que será fácil? Claro que no, todos los sueños y metas tienen un precio, que aquel que se atreva a soñar y quiera obtenerlas, tiene que pagar el precio para verlos realizados. Hay diferentes tipos de precios que debes de pagar, no nomas en lo económico sino también requiere cambiar ciertas costumbres, que traemos con nosotros de nuestro padres y de nuestro países. Cambio de hábitos, cambiar la forma de pensar, ya que puede ser lo más difícil, por los pensamientos de conformismo que ya traemos de tiempo atrás, y que va ser un poco difícil de creer que podemos cambiar la forma de pensar, y al tener que dejar de asistir algunas fiestas, que nos pueden atrasar a lograr nuestras metas. Pero en sí, uno es el que debe tomar el compromiso, de que es lo que te conviene dejar de hacer, si estas cosas no te traen resultados positivos, es uno que debe decidir, si seguir tus sueños o dejar que alguien más tome decisiones por ti.

Si tú estas dispuesto a seguir tus sueños, tienes que saber qué es lo que quieres en la vida, si son metas a corto, mediano o largo plazo, debes tener definido también la fecha, para que te des cuenta de tu avance, pon tus sueños y metas en tu agenda, toma fotos de todo aquello que tú quieras obtener. Pégalos donde los mires con más frecuencia, puede ser en la puerta refrigerador, porque ahí seguro que lo vez, porque a diario comes y al ir alimentar tu cuerpo, también puedes a la misma vez alimentar tu mente, también funciona en el baño porque a diario haces tú necesidad, y cuando te sientas a pensar puedes aprovechar para ver tus sueños y metas mientras te desocupas de tan importante labor, ponlos en tu recamara para que al acostarte recuerdes tus sueños, (y no te den pesadillas) tu puedes también anotar las cosas que te puedan ayudar en la construcción de tus sueños. Puedes empezar a formar un plan que te pueda ayudar y guiar hacia tus metas. Pero recuerda todo comienza cuando tú decides soñar, de querer lograr más en la vida, y al poner esos sueños te obligas a poner metas, metas que te llevaran a tener compromisos. Estos compromisos que la mayoría de la gente le teme, el temor se apodera instantáneamente al solo pensar de reto y compromisos, que surgen al buscar sus sueños, aquí es donde sobresalen los verdaderos hombres que han cambiado la historia de sus vidas, porque estos hombres tuvieron el coraje de enfrentar sus miedos, dándole así un giro a su vidas, y estuvieron dispuesto a perseguir sus sueños y lograr sus metas a pesar de todo.

Solo piensa en esto, qué harías tu si tuvieras la oportunidad de demostrar tu valor, y que tuvieras esos sueños, y que se te diera la oportunidad de poder alcanzar tus metas, no te atreverías a intentarlo? Y que te garantizaran el éxito, si siguieras todas las indicaciones que te dijeran que siguieras, lo harías? Estarías dispuesto a prepararte y capacitar tu mente si fuera necesario para lograr aferrarte a tus sueños? y que al final de todos estos, retos, tropiezos y caídas, tengan la recompensa anhelada? y que puedas ver con gusto al final del camino, que valió la pena el esfuerzo y sacrificio que pusiste para lograr tus metas? Claro que vale la pena luchar por lo que uno quiere. Entonces prepárate para soñar en grande, "y no permitas que nadie te robe tu sueño."

"Este es el momento en que se pone a prueba el verdadero valor del hombre, cuando los retos y los problemas aparecen en la vida. El verdadero hombre no le teme a lo que venga."

Salvador Hurtado

EL COMPROMISO

EL COMPROMISO, el compromiso es una palabra que puede tener mucho poder si lo utilizas para tu beneficio, esta palabra de cuatro silabas, que puede cambiar tu mundo de decisiones que te llevará a triunfar o fracasar en la vida. Todo depende de cómo lo apliques y en qué. El compromiso te puede obligar hacer las cosas que no te gustan hacer, pero que te pueden traer buenos resultados. Todo gira conforme a lo que quieres lograr en la vida. En sí, el compromiso se aplica en todo y a diario. En el trabajo, el deporte, en la familia, y en los negocios. Como ves, el compromiso tiene que ser constante en la vida, pero gracias al compromiso nos vemos en la necesidad de cumplir con nuestra palabra que damos. Muchas veces nos comprometemos en palabra con otros y a veces nos queremos rajar con lo que decimos. Por pura vergüenza cumplimos lo hablado porque si no lo hacemos vamos a quedar ante la gente como mentirosos. Pero el verdadero compromiso empieza con uno mismo, con tu familia, con tu futuro, en los negocios. Ahí es donde realmente necesitas amarrarte los pantalones. A través del compromiso es donde se demuestra tu determinación de todas tus acciones que estas dispuesto a poner para lograr resultados positivos en lo que emprendas. Aquí es donde la mayoría de las personas desisten de seguir adelante, por el compromiso que trae al emprender buscar nuevas oportunidades. Mejor prefieren no comprometerse por temor al mismo, y este mismo temor los aleja de las oportunidades. ¿Cuánta gente en estos días, con la situación crítica de la economía, prefiere no hacer compromisos por temor a perder? A veces, no tanto por ellos, sino por falta de compromiso de otras personas, provocando así la falta de confianza entre las ellos. Por consiguiente, el compromiso tiene que ser la mayor prioridad en la persona porque, según el compromiso, depende la superación de sí mismo.

El compromiso, en sí, es lo que tú estés dispuesto hacer y enfrentar. Todo depende de lo que quieras lograr es también el resultado que tendrás.

"El miedo puede destruir los sueños y metas
de toda persona, y detener el camino hacia
el éxito, pero solo si uno lo permite que esto
suceda, pero si estás dispuesto a enfrentarlo,
puede ser usado para avanzar en la vida."

Salvador Hurtado

"Es tu deber defender tus ideas,
no permitiendo que los miedos de otros limiten a
creer en ti y en tu potencial que llevas dentro
de ti, tú eres la única persona que decides
a quien escuchas."

Salvador Hurtado

Capítulo VIII

MIEDOS FALSOS

LOS MIEDOS DE OTROS, estos tipos de miedos, son los que vienen de otras personas, que lo hacen con el propósito de meterte miedo, y con la única fidelidad de detener tus ideas, encuban sus miedos en ti, si tú te sientas a escuchar a esas personas, corras el riesgo de detener tus planes de progresar en lo que te propones comenzar, además puede que estos miedos no lo han experimentado ellos, quizás alguien más se los conto, y ahora vienen y te lo cuenta a ti, tal vez hasta le agreguen demás, con el fin de desanimarte para que tu no prosperes, quizás lo hagan con buenas intenciones para que no salgas lastimado, o que no te vayan a robar, o pueden que estén celosos de tus ideas, por el simple hecho que ellos tienen miedo, eso no quiere decir que tu también los tengas. Es tu deber defender tus ideas, no permitiendo que los miedos de otros limiten a creer en ti y en tu potencial que llevas dentro de ti, tu eres la única persona que decides a quien escuchas, vas a escuchar tu interior, o a los que te quieren someter con sus miedos y robarte la capacidad de decidir por ti.

Estos miedos vienen de amigos, parientes de nuestra propia familia, o a veces los escuchamos en los medios de comunicación principalmente de la tv, que todos los días hablan de lo malo, muy pocas veces sacan programas educativos para orientar a la gente de cómo solucionar sus problemas, hay muchos programas sin censura llenos de chismes, en lugar de enfocar sus programas para el desarrollo humano, lo hacen para sacar provecho de su debilidad mental. Pero el único responsable de aceptar lo que entra en su mente es uno mismo, porque los miedos surgen de todas partes, cuando tienes el deseo de superarte. Ha y estos son gratis no te cuestan nada, solo coméntales de tus intenciones de hacer cambios en tu vida a tus amigos, y veras si no se acomiden a meterte miedos, miedos que ni son de su experiencia, sino que vienen de alguien más que intento y desafortunadamente fracaso al intentar algo, y a eso se basan para desanimarte con tus proyectos, pero solo tú tienes la decisión de tomar lo que tu consideres que te pueda ayudar a seguir adelante, tu no dejes que los miedos falsos te detengan.

"*Pero tú nunca te vas a dar cuenta si realmente esto puede pasar, hasta que tu por tus propios ojos lo veas*"

Salvador Hurtado

"*Tú debes tomar el control de tus pensamientos y tus creencias, porque la creencia es la parte fundamental para la humanidad y la toma de decisiones*"

Salvador Hurtado

¿AMIGOS O ENEMIGOS?

Amigos o enemigos. Cuantas personas hay en tu vida que tu consideras como amigos, que cuando te encuentras bien ahí están, hasta te echan porras, pero cuando pasa lo inesperado, es cuando realmente se sabe cuáles son; en este párrafo describiremos los miedos que tus amigos te dicen, cuando tu les comentas que piensas hacer un negocio, regresar la escuela o comprar casa, carro nuevo o emprender un viaje, estás loco, ese negocio no funciona, te van a estafar, cuesta mucho prepararse, en ese lugar dicen que la gente es mala, si yo fuera tu no lo haría. Cuantas veces no as escuchado estas frases de tus "amigos" y aquí es donde comienza tu duda, a lo mejor tienen razón, y que tal si hago ese negocio y no funciona, y si regreso a la escuela y me gradúo y al salir no encuentro trabajo, y si me endrogo con carro nuevo y pierdo mi trabajo con que lo pago, y que tal si me voy de viaje y en verdad la gente es mala y me pueden hasta matar, mejor no me arriesgo, no vaya a ser cierto lo que mis amigos me dicen, y si los ignoro luego me van a decir te lo dijimos y no nos escuchaste, quizás tengan razón. Pero tú nunca te vas a dar cuenta si realmente esto puede pasar, hasta que tu por tus propios ojos lo veas, y si no te atreves, y que tal si no pasa nada, y si solo son miedos falsos, mejor porque no te arriesgas a enfrentarlos y que seas tú, que defina si estas personas son; amigos o enemigos.

LA CREENCIA

LA CREENCIA, en este tema se va a exponer la creencias como miedos falsos, y creencias negativas de terceras personas, que tratan de infundirte temor para frenar tu potencial de desarrollo, porque este tipo de creencias viene de personas envidiosas y celosas de tú ideas de superación, esto miedos y falsas creencias vienen de amigos, parientes y la familia. Cuando estas por iniciar algún negocio, un viaje comprar casa, un carro nuevo volver a estudiar, y tienes el deseo de realizar cambios y mejorar tu vida.de la nada aparecen los consejeros, y comienzan a opinar y hablar de lo que podría pasar si intentas aventurarte en este tipo de cosas, y te meten dudas y falsas creencias diciéndote; mira que aquella persona le fue mal tu no debes hacer eso, porque puede ocurrirte lo mismo, o que tal si no funciona, ese negocio no sirve, mis(¡!) estuvieron en eso y no les funciono, o si te vas de viaje, fíjate que me entere que a donde tú quieres ir que la gente es muy mala te recomiendo que no vallas, y si quieres comprar casa, ahí están tus amigos y familia y muchos no para echarte porras sino para meterte miedo, diciéndote piénsalo bien será mejor que esperes un poco más para que luego no te arrepientas, o si quieres comprar carro nuevo salen con esto, yo que tu lo pensaba dos veces, con esta situación económica yo que tu, no lo haría, y que tal si pierdes el trabajo con que lo pagas, y aquí es donde entra la maldita duda, y que tal se ellos tienen razón en todo esto, y que tal si ese negocio de verdad no funciona? y que si la gente de verdad es mala, mejor no tomo el riesgo, y que si al comprar la casa es muy apresurado y no me sale como pienso? o si me comprometo con carro nuevo y pierdo el trabajo con que lo pago? Aquí es donde los falsos miedos y creencias de otros empiezan a tomar control de ti, si tu permites que estos se apoderen de tus pensamientos y que las creencias de otros decidan qué es lo que tu debas creer, entonces piensa que es lo que tú quieres, tú debes tomar el control de tus pensamientos y tus creencias, porque la creencia es la parte fundamental para la humanidad y la toma de decisiones, en gran manera se puede definir como la causante de éxitos y fracasos de las personas en la vida, todo va depender de lo que creas y no creas, y a quien escuche y lo que escuche depende de cada persona lo que crea, cada ser humano tiene la capacidad de pensar y creer por sí solo, porque nuestra mente es como la esponja que absorbe lo que escucha, así que tu trabajo va ser desechar lo que a ti no te beneficié, desafortunadamente nuestra mente n o tiene recicladora automática como lo tiene nuestro cuerpo, nuestro estomago por ejemplo desecha todo lo que no usa, pero la mente no, cada persona tiene que escoger que guarda en su memoria y que pone en la recicladora, pero muchas veces algunas personas tienen la costumbre de creer en alguien más, y permiten que alguien más tome decisiones por ellas, dando paso a la incertidumbre de su capacidad de su propio pensar, y lo más triste que se está dejando que entren dudas en su pensamiento de creer en sí mismo, y esto puede ser alarmante, si permites que alguien más controle lo que piensas y lo que haces, no llegaras lejos en la vida, y alguien más va controlar tu vida, si tu lo permites por supuesto. Ahora tú decides esta en tus manos de hacer que las creencias de otros, no tomen el control de tus pensamientos y que los falsos miedos te dominen, pero recuerda que solo tú eres el responsable de dejar que esto controle, tú tienes la capacidad de sobreponerte a todo esto, y lo que tu pienses que es, eso es, tu puedes vencer cualquier miedo si tú crees, como lo menciona en la biblia, **(Marcos 9:23 Jesús dijo, si puedes creer, al que cree todo le es posible.)** uno tiene que creer en todo lo que quiere, y aun mas si esto te llevara a lograr un estilo de vida mejor," porque todo es posible para el que cree y pone el esfuerzo" tus creencias son elementos esenciales en tu vida para que de ellos te agarres, pero de cierta manera nuestros pensamientos determinaran lo que será nuestro futuro y así como pensamos así actuamos, y así nos desenvolvemos. Los pensamientos y las creencias están íntimamente ligadas entre sí, aunque aparentemente es lo mismo, no lo son, con la mente piensas, visualizas sueñas y con la creencia viene la fe, la fe de lo que tú crees que puedas hacer en la vida, porque la vidas es el reflejo del pensamiento de cada persona. Y recuerda que solo tú tienes el poder de creer en ti, ahora ten el coraje de salir a enfrentar tus miedos, y gana la batalla en tu mente. "AL QUE CREE TODO LO ES POSIBLE". Sin duda estas son palabras que nos confortan y nos pueden llenar de fe, y si pedimos ayuda para vencer los miedos a DIOS seguro es la victoria, Lucas 5:37 porque nada hay imposible para Dios) y si tu por tu terquedad sigues dudando de ti, recuerda lo que dijo **Lucas 18:27 LO QUE ES IMPOSIBLE PARA LOS HOMBRES, ES POSIBLE PARA DIOS.** Con esto en mente no hay poder humano que te detenga, todo eta dentro de ti, haz lo que tu creas que sea bueno y que así sea conforme a tu creencias.

TU FAMILIA

TU FAMILIA. La familia es la parte más importante tanto en la sociedad como en lo espiritual, la familia es la base de la vida y por la familia el ser humano es capaz de muchas cosas hasta el más grande sacrificio de luchar por los que ama, y enfrentar los más grandes retos que se pongan en frente y hasta dar la vida si es posible, aunque sea solo por uno de la familia. Pero lamentablemente en este tema vamos a tratar de la familia como grandes obstáculos, la mayoría de los retos que puede enfrentar una persona con deseos de sobresalir, los va a encontrar principalmente dentro de su hogar puede ser con su pareja o hijos y le siguen los padres y hermanos, pero no lo tomen a mal no todos pueden estar en contra de tus ideas, pero no los que están encontrar, eso no quiere decir que lo hagan con mala intención, si no que te quieren prevenir que sufras o que alguien te robe, quizás por experiencias propias o de otras que ellos fueron testigos, y a solo quieren quizás protegerte de lo que te pueda pasar, pero aun así tú tienes que decidir lo que tú quieres lograr en la vida, y correr esos riesgo, "porque el que no arriesga no gana" aun cuando haiga retos dentro del hogar tú tienes que decidir y formar tu carácter de ganador. Los momentos difíciles y los retos comienzan, cuando comienza los sueños de querer alcanzar otras metas, y les compartes tus sueños y tus metas con alegría pero (¿) estas bromeando? De cuando acá tú tienes sueños? Estás loco? Te sientes bien? Estas seguro lo que dices? te imaginas lo que te va a costar? Si otros lo han intentado y fracasaron y tú que ni sabes de eso, quítate eso de la mente, y ponte a trabajar, eso es nomas para los que estudiaron tu apenas si llegaste hasta este año, quien te lavo la cabeza de que tú podrías llegar a ser alguien en la vida, acuérdate de dónde vienes, vienes de una familia pobre, no te dejes engañar por aquellos que dicen que tú vales mucho, y que tu mereces vivir mejor, no les hagas caso ellos nomas quieren tu dinero, nacimos pobres y así vamos a morir, que te estás creyendo de seso lava "cocos" que lo único que quieren es engañar a la pobre gente, tú no te dejes, manda a volar todas esas personas que dicen, yo creo en ti, tu familia merece un mejor estilo de vida, yo que tú me quedaría en un trabajo seguro, pero allá tu. Estos son solo unas frases que la familia usa para ponerte miedo, pero recuerda que si tú tienes tus planes, tu eres la única persona capaz de detener tus sueños, aprovecha lo que tienes y las oportunidades que se presenten, olvídate de lo que pudo haber sido ayer, no te confundas, eso ya paso, aprovecha el presente que es un regalo de Dios, porque solo el presente importa, el pasado es ya una ilusión, y el futuro todavía no existe, tu encárgate de construirlo como a ti te gustaría que fuera, solo recuerda todo lo que te propongas hazlo sin herir sentimientos ni enalteciéndote por lo que puedas conseguir, dar gracias por tu familia que al fin de cuentas por ellos se logran alcanzar metas, que si fuera por ti nomas no tendría sentido triunfar, ama y respeta a pesar de todo, y los retos que existen en la familia es para forma, familias con carácter, y para crecer como persona, y prepare a cada miembro de la familia para enfrentar a futuro, falsos miedos.

"Hasta el más grande sacrificio de luchar por los que ama, y enfrentar los más grandes retos que se pongan en frente y hasta dar la vida si es posible, aunque sea solo por uno de la familia"

Salvador Hurtado

"Tus pensamientos son los planos para construir tu vida, y tu eres el arquitecto del más grande proyecto que jamás se haya construido."

Salvador Hurtado

TUS PENSAMIENTOS

TUS PENSAMIENTOS. Tus pensamientos son la base que moldeara tu vida, en gran parte son la causa de lo que eres, y quieres ser, en la forma que utilices tus pensamientos determinaran tu forma de ser, de actuar de tu éxito o fracaso, los resultados en gran manera demuestran como piensas, la calidad de vida que llevas, siempre cosecharas lo que siembres en tu mente, a esto se le llama la ley inmutable, la cual se aplica la ley de causa y efecto, lo que tu inviertes en tu mente es lo que florecerá en tus pensamientos, y por resultado la cosecha de lo sembraste, en este tema trataremos un poco de pensamientos falsos, estos nos van ayudar a determinar, que en la forma que pensemos eso es lo que somos. cuantas veces no has pensado en cambiar de trabajo, pero por temor no lo haces, o te gustaría trabajar por tu propia cuenta, pero con solo pensar en los papeleos compromisos que lleva, te desanimas, o consultas con otra persona que tiene su propio negocio y en lugar de animarte quieres tirar la toalla, es porque tu estas permitiendo que miedos falsos entren en tu mente, y la duda te acecha y tu dudas de tu capacidad, pero recuerda todo lo que permites que entre en tu mente depende ti, si te afecta o puedes usarlo como herramienta para aprender y dar el siguiente paso, no permitas que alguien más y sus pensamientos ajenos dirijan tu vida, tus pensamientos son el plan para construir tu vida y tu eres el arquitecto del mas grande proyecto que jamás se haya construido, tú tienes esos planos en tus manos, tú decides construirlo o dejar que alguien más lo construya, si te dieras la oportunidad de construirlo, que construirías una casita pequeña o una mansión? Y que tal la persona que la habite como te gustaría que fuera?" una de buenos modales y buena actitud o una persona ruda de mal carácter? empresario de negocios o un simple trabajador? Que tuviera sueños y metas o que sea conformista? Que tenga tiempo para su familia o que se la pase trabajando todo el tiempo? Que tome vacaciones cuando quiera o cuando el patrón le de permiso? Recuerda una solo una cosa que ese proyecto eres tú, tú decides como construirte, y que sea conforme a tus pensamientos, nomas te pido "que vigiles tus pensamientos porque estos se convierten en palabras, vigila tus palabras, pues estas se convierten en acciones, y las acciones se convierten en hábitos, vigila tus hábitos pues estos forman tu carácter, y vigila bien tu carácter pues este se convertirá en tu persona. La mente es tan poderosa y venerable que cualquier cosa que le pongas eventualmente saldrá, si le pones cosas negativas es lo que va sacar, "basura entra basura sale" y la biblia lo menciona "como el hombre piensa en su corazón, así es" por lo consiguiente lo que el hombre piensa a diario es en lo que llega se. Y recuerda el poder de tus pensamientos al final determinaran en lo que llegues a ser.

"Cambie su pensamiento y cambiará
el mundo"

Norman Vincent Peale

"La gente exitosa hace trabajo que cumple
grandes retos y la gente sin éxito trabajo
que es cómodo y fácil."

Brian Tracy

"Si estás dispuesto a pagar el precio,
vas a tener lo que para la mayoría será un
sueño que nunca se cumplirá."

Javier Buckenmeyer

Capítulo IX

VENCE TUS MIEDOS Y SE EXITOSO

¿A QUE ESTAS DISPUESTO?

¿A QUE ESTAS DISPUESTO? Ahora que ya identificaste tus miedos y te diste cuenta de que es lo que te detiene para triunfar, ha llegado el momento a que decidas realmente a enfrentar tus miedos, y que te des cuenta de tu verdadero potencial, y que saques el ganador que está dentro de ti, ese ganador que es capaz de vencer las dudas y sombras de miedo que te atormentan y que te detienen en tu vida, y limitan tu crecimiento interno, y que son el mayor reto que tienes que vencer, acuérdate que la gran lucha que primero debes ganar es dentro de ti, es la pelea interna con tu dudas, con tus creencias y tus pensamientos, esta es la verdadera batalla que debes ganar, y la otra pelea a vencer son los miedos externos, estos sin duda pueden ser derrotados con más facilidad, pero todo está en lo que estés dispuesto hacer, y que tan dispuesto tu a poner de tu parte, por aquí es donde parte todo, todo depende a la voluntad que tengas, porque de nada sirve querer si no estás dispuesto a poner y dar lo mejor de ti, y los resultados van a venir dependiendo al compromiso que estés dispuesto a poner, porque fácil no es. Si deseas triunfar en la vida, decide no esperar a que los miedos te dominen, decide enfréntalos, decide ver cada día, como una oportunidad de vencer tus miedos, decide ver cada problema como la oportunidad de vencer y crecer, y en cada problema que llegue a tu vida debes estar dispuesto a enfrentarlo, quizás si no los enfrentas, descubras que el único rival que tienes, sean tus propias debilidades, y al superarlas esta la única oportunidad de dejar de sentir miedo. Cuantas veces no queremos alcanzar grandes objetivos en nuestra vida, y uno de los mayores obstáculos es el miedo, esto es lo que te limita ver con claridad tu objetivo que quieres, el miedo al éxito es uno de los más destructivos, por lo consiguiente debemos enfrentar con decisión y valor. Ahora es tu turno de saber qué hacer, pero la pregunta del gran cambio, a que esas dispuesto? Recuerda "todo en la vida tiene un precio" y así es todo y no nomas es económico sino vas mas allá de esto, el precio es diferente para distintas personas, todo depende de que quiere alcanzar en la vida. ¿Te gustaría triunfar en la vida? ¿A qué estas dispuesto?

¿Estarías dispuesto a enfrentar tus miedos?
¿Estarías dispuesto a cambiar de hábitos?
¿Estarías dispuesto a seguir consejos?
¿Estarías dispuesto a invertir en tu mente?
¿Estarías dispuesto a cambiar la forma de pensar?
¿Estarías dispuesto a luchar por tus sueños?
¿Estarías dispuesto a ponerte metas?
¿Estas dispuesto a creer en ti?

Si estás dispuesto a correr riesgos para lograr tus sueños y que tus metas se cumplan y ya tienes planes de hacerlo, adelante cree en ti y confía en Dios, que él es el único que puede darte la fortaleza y sabiduría, para lo que estés dispuesto hacer.

"Si deseas triunfar en la vida, decide no esperar a que los miedos te dominen, decide enfrentarlos"

Salvador Hurtado

"Solo decide no tener miedo y asume cualquier reto que venga, y descubrirás tu potencia que tienes dentro de ti, solo tienes que creer en ti y asumir los retos con valentía, si crees en lo que sueñas y te esfuerzas, lo lograras, si confias en ti y eres valiente para no temer lo alcanzaras"

Salvador Hurtado

NO TENGAS MIEDO

NO TENGAS MIEDOS. La humanidad en la actualidad es muy difícil de creerle a alguien que les diga que no tengas miedo, cuando en la vida actual es lo que más existe, lamentablemente esto no lo vamos a poder cambiar, pero lo que si podremos cambiar esta dentro de nosotros, y es nuestro carácter y la forma de pensar. Al poder controlar nuestros pensamientos, podemos controlar nuestros sentimientos, y al tomar control de estos controlamos las emociones, y por lo tanto también podremos controlar los miedos. Si tu dejas que el miedo fluya en ti es capaz de paralizar tus emociones, no impide avanzar una vida feliz, debilita tu espíritu de superación te roba tus sueños. La mejor forma de enfrentarlos es poner acción y pidiéndole a Dios que te de fuerzas para vencerlos. Como los conseguimos no tener miedo, actuando con mucha fe, poner nuestros objetivos por encima de los miedos, decide ir por lo que quieres no temas, no des un paso atrás, simplemente arriésgate a intentar lograr lo que quieres en la vida, no pasa nada, aun si pasara no pierdes nada no lo tenias antes de intentarlo, solo decide no tener miedo y asume cualquier reto que venga, y descubrirás tu potencia que tienes dentro de ti, solo tienes que creer en ti y asumir los retos con valentía, si crees en lo que sueñas y te esfuerzas, lo lograras, si confías en ti y eres valiente para no temer lo alcanzaras. No tengas miedo asume tus compromisos, lucha por lo que quieres Dios está contigo en todo momento aunque tú no lo veas. Dios ha dicho "nunca te dejare; jamás te abandonare." Así que podemos decir con toda confianza **"El señor es quien me ayuda; no temeré, Hebreos 13:5-6"** como vez no estamos solos en la lucha de nuestra vidas, si nosotros caemos, siempre esta dios para levantarnos, **"Josué 1:9 no tengas miedo ni te desanimes, porque yo, tu señor y Dios, estaré contigo dondequiera que vayas."** si te das cuenta la misma biblia nos enseña o no tener miedo, es cierto que todos tenemos miedos, pero hay personas que prefieren vivir con ellos que enfrentarlos, agárrate de la mano de Dios y ora que te de valor, **"Isaías 41:10 Así que no temas, porque yo estoy contigo; no te angusties, porque yo soy tu Dios, te fortaleceré y siempre**

te ayudare, siempre te sustentare con la diestra de mi justicia." y para finalizar quiero que te quedes con este hermoso versículo, solo para reforzar lo que hemos escrito hasta este punto, "salmo Dios está conmigo, y no tengo miedo." pero todo esto no te puede ayudar si tu estas dispuesto a luchar por tus sueños, para lograrlo tienes que poner todo de tu parte para lógralo.

ARRIESGATE A GANAR

ARRIESGATE A GANAR. Arriésgate a ganar a pesar de todo lo que puedas enfrentar al tratar de luchar por tus sueños, debes de correr el riesgo en la vida, porque el más grande de los peligros de la vida es no arriesgarse hacer nada, la persona que no arriesga nada en la vida, nunca consigue nada en la vida, las personas flojas y negativas viven quejándose, siempre viven prisioneros de sus miedos, se la pasan culpando a otros por sus situaciones, no sabiendo que ellos mismos son esclavos de su forma de pensar, pues solo cuando una persona se arriesga es libre. Arriésgate no temas si fracasas, porque cada fracaso es una lección a crecer, aprende de tus caídas y sigue adelante, si no te atreves tu a arriesgarte, nadie lo hará por ti, si deseas triunfar en la vida arriésgate hacerlo. Recuerda que nuestras emociones y acciones pueden conducirnos al éxito o fracaso, si tú no quieres correr riesgo al enfrentar tus retos, estas limitando tus posibilidades de ganar y tener éxito, como dice el dicho, "el que no arriesga no gana y nunca sabrás de lo que eres capaz hasta que te pongas a prueba." Y así ha sido durante décadas algunas personas han plasmado su nombre y dejado huellas, y un claro ejemplo a seguir para aquellos que se atrevan a ganar, leyendo sus biografías te darás cuenta de los retos que tuvieron que pasar, y tuvieron miedo pero la diferencia entre ellos, y el resto consistió en la perseverancia y el compromiso de triunfar, toda esta gente no a ganado por suerte, sino que se ha atrevido a enfrentar sus miedos y ha estado dispuesto a fallar una y otra vez, y las veces que sean necesarias para lograr triunfar, como lo dijo Michael Jordán "he fallado una y otra vez en mi vida, es por eso que he triunfado."

Recuerden que en la biblia hay muchos pasajes que te inspira a que te arriesgues para ganar, uno de los más conocidos es cuando Dios le dio la fortaleza a David para enfrentar a Goliat, todos los soldados le temían a Goliat, nadie quería enfrentarlo, simplemente este gigante con su voz atemorizaba a los soldados, nadie se atrevía hacerle frente, los insultaba los maldecía, y les pedía a gritos si- hay alguien que se enfrente a mí, que venga y si me vence seremos sus esclavos, pero si los venzo ustedes serán nuestros esclavos- pero nadie se atrevía, David un humilde pastor, que toco en ese momento de llevar comida a sus hermanos que estaban entre los soldados escucho, y se puso furioso, y les pregunto a sus hermanos,-quien es ese que se atreve a insultar al pueblo de Dios,- y sus hermanos temerosos le dijeron - cállate, tú qué haces aquí, no deberías estar cuidando las ovejas? El dijo: "yo peleo con ese incircunciso que insulta al pueblo de dios," -y sus hermanos trataron de convencerlo diciéndole, si hombres fuertes y guerreros, no se atreven, tú que vas a poder con ese gigante,- David dijo yo lo venceré en el nombre de Dios, - y se lo hicieron saber al rey y este dijo; al que venza a Goliat, le voy a dar a mi hija y nunca más va a pagar impuestos, David sabiendo que al vencer al gigante había una recompensa y casarse con la hija del rey, cogió su honda y se fue a luchar con el gigante y lo venció. Lo que este pasaje bíblico nos enseña, es que debemos luchar sin temor y si confiamos en Dios podemos ganar, pero también nos dice que al vencer obstáculos obtendremos una recompensa, y esto está muy claro, nadie hace algo por nada, si te vas arriesgar por algo, tienes que saber, ¿qué es? Pará que valga la pena arriesgar. ¡Atrévete a ganar!

"Arriésgate no temas si fracasas, porque cada fracaso es una lección a crecer, aprende de tus caídas y sigue adelante, si no te atreves a arriesgarte, nadie lo hará por ti, si deseas triunfar en la vida arriésgate hacerlo"

Salvador Hurtado

"Ser valiente no significa no tener miedo a nada, significa hacer y enfrentarnos a lo que más miedo le tenemos."

Unknown

SE VALIENTE

SE VALIENTE. En el trascurrir de la vida hay situaciones que nos asechan constantemente, y a veces hasta los más mínimos problemas nos afectan en la toma de decisiones, muchas de las veces por el miedo a nuevos retos, y la forma de no saber cómo enfrentarlos. Muchas de las veces no es por falta de conocimiento sino por cobardía, y el miedo a fallar, y este es el gran paso a dar, llénate de valor y atrévete a descubrir tu verdadero potencial, Dios nos ha dotado de un cuerpo, alma y espíritu, el alma está compuesta por la mente, las emociones y la voluntad. La mente se alimenta de ideas, el conocimiento para desarrollar la inteligencia, y las emociones pueden ser positivas y negativas, y con esto formamos la voluntad de hacer las cosas requeridas en tu persona, porque la voluntad juega un papel muy importante en nuestras vidas, y dependiendo como lo apliquemos determinara nuestro éxito o fracaso. Para fortalecer la voluntad se requiere determinación, no darse por vencido, exigirse a sí mismo al máximo para lograr lo que se ha propuesto realizar, aún la palabra de dios nos exige fortalecer la voluntad, porque esto será lo que nos ayude a vencer los retos y nuestros miedos en momentos de debilidad. En **Josué 1:9 "Mira que te mando a que te esfuerces y seas valiente; no temáis ni desmayes, porque Jehová tu Dios estará contigo en dondequiera que vayas."** Ser valiente no significa no tener miedo a nada, significa hacer y enfrentarnos a lo que más miedo le tenemos. El ser valiente no precisamente estamos utilizando el término "macho" o a demostrar que no tienes miedo, o que eres "bien chingon". Mostrar valentía es admitir tus miedos y enfrentarlos "cara a cara", es tener la fortaleza de pedir ayuda y la humildad de aceptarla, valentía es defender tus principios sin preocuparte por lo que otros dirán, es escuchar a tu corazón, vivir tu vida y no aceptar sino lo que para ti es lo mejor. Ser valiente es tomar el primer paso, dar un gran salto, o cambiar el camino, es intentar lo que nadie supo hacer jamás y todos creen imposible… valentía es mantener el espíritu en los desencantos, y considerar las derrotas no como el fin sino como un nuevo comienzo, es creer que por fin las cosas mejoraran, aunque ahora parezcan peores. "Ser valiente es tomar la responsabilidad de tus acciones y saber admitir tus errores, sin culpar a los demás. Es la habilidad y el esmero para triunfar. Ser valiente es negarse a desistir, aunque la posibilidad te intimide, es trazar tus metas, mantenerse fiel a ellas y hallar soluciones para los obstáculos, valentía es pensar en grande, apuntar bien alto y llegar muy lejos, es adoptar un sueño y hacer todo, arriesgar todo, no rendirse ante ningún obstáculo para hacerlo realidad."(Caroline Kent) Podemos seguir dando varias frases motivadoras, pero el verdadero propósito de estos es darte esperanzas de que si se puede alcanzar cosas grandes en la vida, siempre y cuando estés dispuesto a enfrentar tus miedos con valentía.

"Algunas veces tendremos derrotas en la vida
pero se puede tener derrotas sin ser derrotado,
se puede fracasar sin ser fracaso.
Los ganadores ven los fracasos y las derrotas
como una simple parte del proceso
para ganar."

Maya Angelou

LISTO PARA TRIUNFAR

LISTO PARA TRIUNFAR. Estamos llegando casi al final y espero que te haya ayudado a identificar tus miedos y te sirva como una obra de motivación, que este es el mayor propósito de este escrito, y el único propósito es orientarlo a que ejerza su compromiso lo que en verdad anhelas para tu vida, aplicar libre albedrió en su vida, no es solo una comodidad sino un compromiso para consigo mismo, puesto que la decisión que tome sea cualquier cosa que usted crea que sea la más importante aun cuando a veces aceptar ese compromiso sea el paso más difícil de tomar (dado que requiere muchos cambios y obligaciones) pues de esto dependerá en gran forma lo que consiga en su vida, y depende que es lo que tú quieres de esta que es tu única oportunidad de vivir y aprovechar esta vida, porque si deseas triunfar en la vida, decide salir a buscar las oportunidades, fuera de la zona de comodidad es donde se forjan ganadores, en la lucha diaria, enfrentando retos, aprendiendo de las caídas, y los triunfadores saben que hay que pagar el precio, aprenden que la mejor enseñanza se consigue en los fracasos, no es fácil ser exitoso, el camino al éxito es cuesta arriba, es de decisiones herradas pero, pero cada tropiezo es un paso más quedas seguro a adonde te diriges. El éxito es como una escalera, sus peldaños están diseñados para dar un paso a la vez, y el propósito de la escalera es para subir, y así es el éxito, para subir y estar arriba y darle la mano al que viene debajo de ti. Antes de seguir con el tema déjenme aclarar, que el éxito no es solo dinero, el dinero es el medio por lo cual puedes suplir tus necesidades, el éxito verdadero es más que eso, el éxito verdadero es tener a Dios en tu corazón, tener tu familia unida, estar bien de salud, y por supuesto estar bien económicamente, pero en la actualidad la humanidad a mal interpretado el éxito, y cree erróneamente que éxito es solo dinero, irónicamente la humanidad ha perdido la noción de cómo conseguirlo, y se afana empezando por el lado equivocado, primero se enfoca en cómo ganar dinero, no importando que a su paso sacrifique familia, su salud y al último tienen a Dios. Tanta es su avaricia por el éxito, que no les importa a quien pisoteen a su paso, pero el verdadero éxito consiste primero buscar a Dios. Y claro está en la biblia en **Mateo 6:33; "Mas buscad primeramente el reino de Dios y su justicia, y todas estas cosas os serán añadidas."** Por consiguiente, si tu deseo es triunfar en tu vida, y conseguir el verdadero éxito, busca a Jesús y pon todos tus planes y sueños en sus manos, porque es el único camino al éxito verdadero. **Jesús dijo: "Yo soy el camino, la verdad y la vida." Juan 14:6.** Por lo tanto toda persona que quiera lograr el éxito debe de prepararse para la lucha, no hay de otra, el éxito es personal, "es algo así como, que te anda del baño, tú tienes que ir hacerlo, porque tú no puedes decirle a alguien mas, hey tu, me anda, mi necesidad, puedes ir por mi?" Imagina lo que te va a decir, bueno el punto es, que el éxito depende de ti, solo de ti. "Porque el que va a lograr el éxito, reconocimiento y fama, eres tú. Muchos de las personas luchan por razones como estas, pero no puedes construir un buen nombre de un día para otro. Es necesario trabajar duro, incluso si hay tropiezos y caídas. Es necesario superar obstáculos, es necesario tener motivación perseverar e insistir. La vida es una sucesión de batallas y trabajo. Familia, amigos; todos tenemos un estatus actual, todo lo que hagamos en la vida, hará eco en la eternidad y traerá expectativas para el futuro. En pocos años estaré cosechando mis triunfos, Imagínate tú donde estarás así será. Y como siempre, los giros y vueltas del destino nos sorprenden. La grandeza es una visión, no siempre podemos hacer solo lo que nos gusta. Pero aquellos que les gusta lo que hacen. Y se sienten orgullosos de siempre hacer lo mejor. Haciendo más progresos cada día. Hay momentos de calma y frenéticos momentos decisivos, cuando las buenas intenciones no son suficientes. Es cuando la vida nos demanda, coraje valentía, creatividad, y un indiscutible espíritu de lucha. La verdad es que los problemas y los reveces, suceden con más frecuencia de lo que nos gustaría. Los tiempos cambian, llegan nuevos desafíos, nuevos objetivos. Los ganadores en los ojos del futuro sin miedo ni arrogancia. Pero la confianza de quien está listo para la batalla. Vivir es también prepararse para situaciones difíciles. El modo en que enfoquemos las dificultades. A veces nos preguntamos:¿Cómo enfrentar los cambios radicales, que se presentara frente a nosotros? Es como actuar en algo nuevo, donde pensamos que lo hacíamos bien, ahora necesitamos aprender de nuevo. ¿Cómo luchar sin dejar atrás valores fundamentales? Y más: como saber exactamente que necesitamos hacer en el momento correcto? Lo increíble es que precisamente durante las situaciones adversas. Muchos descubren lo mejor de ellos. Ética, amistad la capacidad para crear nuevas estrategias basadas en las experiencias. Un talento para promover alianzas positivas. Todo esto aflora cuando las circunstancias lo exigen, cuando se sabe que existe un objetivo mayor a ser alcanzado. Claro que no es fácil abandonar hábitos, costumbres... no es fácil adaptarse a nuevos medios, o emplear recursos con los que no estamos familiarizados. Pero todos los ganadores saben el pesimismo y la inseguridad los aran retroceder en momentos como estos. Aunque la amenaza venga de varias partes con agilidad, fuerza y determinación podemos alcanzar nuestros objetivos, la combinación de energía e inteligencia, es como el equilibrio entre la emoción y la razón, son esenciales para el éxito. Es una sensación extremadamente agradable llegar al fin de una tarea con el sentimiento de un deber cumplido. Y recibir la consagración y el respeto de todos nuestros colegas, y la admiración de las personas que amamos... escuchar nuestro nombre con orgullo, el orgullo de haber visto en los obstáculos la oportunidad de crecer, el orgullo de quien sabe enfrentar las turbulencias de la vida y ganar... el orgullo de ser el ganador, quien no dejo los valores fundamentales." (tomada de la película "El Gladiador") Estos son los verdaderos retos que vas a enfrentar cuando estos listo para triunfar.

Algunas de las cualidades para ser ganador y exitoso: Tener una actitud de ganador, trabajar duro, tener disciplina, ser positivo, tener metas definidas, no temerle a los retos, estar dispuesto a asumir, compromisos, ser persistente, ser honesto, ser puntual, vestir como exitoso, y lo más importante poner a Dios en todos tus planes y tener mucha fe, y cree que eres un ganador y lo serás, cree que eres exitoso, y lo serás. Tú ya eres un ganador.

Dios bendiga tus pasos hacia el éxito.

Resumen

Este libro ha sido un reto desafiante y difícil a veces con dudas y contratiempos, y precisamente al enfrentar el reto que me impedía realizarlo, el miedo, uno de mis obstáculos que tuve que enfrentar durante el escrito de este libro, pero gracias a Dios que me dio el entendimiento y valentía de poder cumplir mi objetivo de poder seguir adelante con este proyecto durante más de dos años, y finalmente se dio.

El objetivo principal es inspirarlo y darle esperanza de que todos podemos vencer nuestros miedos, y que todos los retos pueden ser vencidos si solo estamos dispuesto a enfrentarlos, espero que haya entendido el contenido de este libro, y este dispuesto a seguir los consejos;(técnicas, ideas, principios y estrategias) que le puedan ayudar a decidirse a enfrentar sus miedos.

Uno de mis objetivos es compartir mi filosofía y algunas de mis perspectivas espirituales, en una forma sencilla que cualquier persona lo pueda entender, y con una información valiosa para que pueda ayudar a un gran número de personas dispuesta a poner en práctica lo aprendido atraves de este libro.

Finalmente compartir mi fe con otros, y ojala que lo escrito aquí los ayude, lo deseo con lo más profundo de mi corazón.

ENFRENTA TUS MIEDOS

"Si tienes miedos en tu vida y estos te detienen para seguir adelante en la realización y conseguir más de lo que quieres en la vida"

Aquí encontraras algunos consejos que te ayuden a:
Como identificar tus miedos.
Como enfrentarlos.
Como diferenciar miedos destructivos y constructivos.
Diferenciar entre miedos malos y miedos buenos.
Sacando provecho de los miedos.

Lo más importante que puedas darte cuenta que todo jira en lo que quieras en la vida y que estas dispuesto hacer. Recuerda que el más grande obstáculo del éxito son LOS MIEDOS y solo al enfrentarlos te darás cuenta de lo que puedes ser capaz, solo tú eres la única persona que pueda hacer la diferencia en tu vida, atrévete a enfrenta tus miedos.

CPSIA information can be obtained
at www.ICGtesting.com
Printed in the USA
LVHW040206230621
690928LV00004B/225